Der Foopass

Ortstock

Band 209

OutdoorHandbuch

Hans Hönl

Schweiz:
Alpenpassroute

DER WEG IST DAS ZIEL

Schweiz: Alpenpassroute

Alle Informationen, schriftlich und zeichnerisch, wurden
nach bestem Wissen zusammengestellt und überprüft.
Sie waren korrekt zum Zeitpunkt der Recherche.
Eine Garantie für den Inhalt, z.B. die immerwährende
Richtigkeit von Preisen, Adressen, Telefon- und Faxnummern
sowie Internet-Adressen, Zeit- und sonstigen Angaben,
kann naturgemäß von Verlag und Autor - auch im Sinne der
Produkthaftung - nicht übernommen werden.

Der Autor und der Verlag sind für Lesertipps
und Verbesserungen (besonders als E-Mail)
unter Angabe der Auflagen- und Seitennummer dankbar.

Dieses OutdoorHandbuch hat 79 Seiten mit 19 farbigen
Abbildungen, 6 farbige Höhenprofile sowie 18 farbigen Kar-
tenskizzen und zwei farbigen Übersichtskarte. Es wurde auf
chlorfrei gebleichtem Papier gedruckt, in Deutschland klima-
neutral hergestellt und transportiert und der größeren
Strapazierfähigkeit wegen mit PUR-Kleber gebunden.

Titelfoto: Hütte auf der Fooalp

Updates Verlagsprogramm Schnäppchen
www.conrad-stein-verlag.de

OutdoorHandbuch aus der Reihe "Der Weg ist das Ziel", Band 209

ISBN 978-3-86686-209-8   1. Auflage 2008

® OUTDOOR, BASIXX und FREMDSPRECH sind eingetragene Marken für Bücher des Conrad Stein Verlags

© BASISWISSEN FÜR DRAUSSEN, DER WEG IST DAS ZIEL und FERNWEHSCHMÖKER sind
urheberrechtlich geschützte Reihennamen für Bücher des Conrad Stein Verlags

Dieses OutdoorHandbuch wurde konzipiert und redaktionell erstellt vom
Conrad Stein Verlag GmbH, Postfach 1233, 59512 Welver,
Dorfstr. 3a, 59514 Welver, ☎ 02384/963912, FAX 02384/963913,
✉ info@conrad-stein-verlag.de, 🖥 www.conrad-stein-verlag.de.

Unsere Bücher sind überall im wohl sortierten Buchhandel und in cleveren
Outdoorshops in Deutschland, Österreich und der Schweiz erhältlich.
Auslieferung für den Buchhandel:

D	Prolit, Fernwald und alle Barsortimente
A	freytag & berndt, Wien
CH	AVA-buch 2000, Affoltern und Schweizer Buchzentrum
I	Mappa Mondo, Brendola
NL	Willems Adventure, LT Maasdijk

Text: Hans Hönl
Fotos: Hans Hönl, Jochen Ihle (ji)
Karten: Heide Schwinn
Lektorat: Kerstin Becker
Layout: Yvonne Fanger
Gesamtherstellung: AZ Druck und Datentechnik GmbH, Kempten

Inhalt

Über den Autor

Der Autor, ansässig in der Pfalz und von Beruf Chemiker, hat diverse Bücher, u.a. auch Wanderführer verfasst. Im Conrad Stein Verlag sind neben dem vorliegenden Band die Outdoor-Handbücher: "Deutschland Frankreich: Pfälzerwald-Vogesenweg", "Alpen: Dreiländerweg", "Italien: Dolomiten-Rundweg", "Schwarzwald-Jura-Weg", "Deutschland: Jakobsweg von Darmstadt und Aschaffenburg nach Freiburg" und "Österreich: Bregenzerwald-Lechquellengebirge-Rundweg" erschienen.

Symbole

✋	Achtung!	✕	Einkehrmöglichkeit	⚖	Laden
🅰	Apotheke			⌘	Museum/Burg
📷	Aussichtspunkt	FAX	Fax	⊼	Picknickplatz
🚗	Auto, Taxi	✈	Flug	☎	Post
🚆	Bahn	📷	Fototipp	⇨	Richtung
BANK	Bank/	🗓	geöffnet ...	☎	Telefon
	Geldautomat	⇧	Gesamtanstieg/	☺	Tipp
🚌	Bus		Höhe	☞	Verweis
📖	Buch-/Kartentipp	♈	Getränkekiosk	🚶	Wandern
⛺	Campingplatz	💻	Homepage	⏳	Zeitbedarf
✉	E-Mail-Adresse	🛏	Hotel, Pension		
🛒	Einkaufen	ℹ	Information		
➲	Entfernung	✚	Krankenhaus		

Einleitung

Die Alpenpassroute ist ein alpiner Wanderweg, der von Sargans im Nordosten der Schweiz nach Montreux im Südwesten führt, d.h. vom Alpenrhein zum Genfer See. Wie der Name vermuten lässt, werden zahlreiche Alpenpässe überquert; es sind derer 18 an der Zahl. Der höchste Punkt der Route wird auf dem Hohtürli erreicht (⇧ 2.778 m), der tiefste Punkt liegt in Montreux (⇧ 390 m). Die ca. 330 km lange Gesamttour lässt sich in 18 Etappen bewältigen, wobei die jeweilige Gehzeit zwischen 4 und 8 Std. liegt.

Folgende Pässe werden Überschritten:

▷ Foopass (⇧ 2.223 m)
▷ Richetlipass (⇧ 2.261 m)
▷ Klausenpass (⇧ 1.948 m)
▷ Surenenpass (⇧ 2.291 m)
▷ Jochpass (⇧ 2.207 m)
▷ Grosse Scheidegg (⇧ 1.962 m)
▷ Kleine Scheidegg (⇧ 2.061 m)
▷ Sefinenfurgge (⇧ 2.612 m)
▷ Hohtürli (⇧ 2.778 m)
▷ Bunderchrinde (⇧ 2.385 m)
▷ Hahnenmoospass (⇧ 1.950 m)
▷ Trüttlisbergpass (⇧ 2.038 m)
▷ Chrinepass (⇧ 1.659 m)
▷ Blattipass (⇧ 1.900 m)
▷ Col de Voré (⇧ 1.918 m)
▷ Col des Andérets (⇧ 2.034 m)
▷ Col des Mosses (⇧ 1.445 m)
▷ Col de Chaude (⇧ 1.621 m)

Der Reiz der Alpenpassroute liegt darin, dass nicht nur unterschiedliche alpine Regionen der Schweiz durchquert, sondern dass auch benachbarte bekannte Alpenmassive gestreift werden. So ist es sicher ein unvergessliches Erlebnis, an den an und für sich schwer zugänglichen Glarner und Berner

Alpen vorbeigewandert zu sein und auf die gletscherbedeckten Drei- und Viertausender geschaut zu haben. Aber auch die Überquerung der einzelnen Alpenpässe selbst ist eindrucksvoll, insofern jeder Passübergang seine Eigenart und seinen Reiz hat. Seien es die grasüberwachsenen Pässe zu Beginn der Tour oder seien es die später folgenden steilen und schroffen Pässe in der Nähe eisgepanzerter Gipfel. Es ist schwer, einem der Pässe einen Vorzug zu geben. Und auch die Eigenarten der Tallandschaften machen die Alpenpassroute zu einem einzigartigen Erlebnis, sei es das enge Sernftal bei Elm, der breite Talboden der Reuss oder das schon südlich anmutende obere Tal des Hongrin.

Darüber hinaus findet nicht nur ein Wechsel der durchwanderten Natur statt, sondern auch eine allmähliche Veränderung der kulturellen Umgebung. So wandern Sie von der deutschsprachigen bis in die französischsprachige Schweiz. Aber nicht nur die Sprache, sondern auch die Küche, die Hausformen und die Dörfer ändern sich. Auch das macht die Tour abwechslungsreich.

Am Ende einer jeden Etappe kann in Berghütten, Gasthöfen oder Hotels übernachtet werden. Oft ist auch die Möglichkeit gegeben, sich öffentlicher Verkehrsmittel zu bedienen, sodass eine Tour abgekürzt oder unterbrochen werden kann, um sie später fortzusetzen. Was die jeweilige Tourdauer

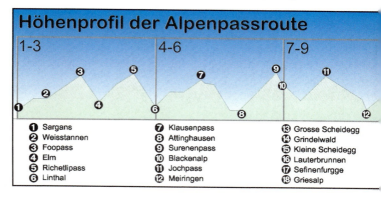

Höhenprofil der Alpenpassroute

1-3   4-6   7-9

❶ Sargans
❷ Weisstannen
❸ Foopass
❹ Elm
❺ Richetlipass
❻ Linthal
❼ Klausenpass
❽ Attinghausen
❾ Surenenpass
❿ Blackenalp
⓫ Jochpass
⓬ Meiringen
⓭ Grosse Scheidegg
⓮ Grindelwald
⓯ Kleine Scheidegg
⓰ Lauterbrunnen
⓱ Sefinenfurgge
⓲ Griesalp

angeht, so verstehen sich die Zeitangaben ohne Pausen und gelten für einen durchschnittlichen Bergwanderer. Was die Gesamtsteigung angeht, so enthält sie sämtliche Steigungen der Etappe, d.h. es ist die Summe der Einzelsteigungen. Es werden fast ausschließlich markierte bzw. ausgeschilderte Wege begangen. Im Text ist die Farbgebung der Markierung unterstrichen, beispielsweise gelb oder weiß-rot-weiß.

Ausführliche Beschreibungen von natürlichen und kulturellen Sehenswürdigkeiten werden in Form von eingeschobenen *kursiv* gedruckten Absätzen wiedergegeben. Es wird bewusst auf eine gesonderte Beschreibung von Natur, Kultur und Geschichte der jeweiligen Örtlichkeiten verzichtet, denn es ist spannender und interessanter, wenn man hierzu etwas im Verlauf der Tour nach und nach erfährt. Außerdem ermöglicht es demjenigen, der an den kursiv gedruckten Erläuterungen weniger interessiert ist oder unter Zeitdruck steht, diese zu übergehen und sich nur an der eigentlichen Wegbeschreibung zu orientieren. Lediglich die durchwanderten Alpengruppen werden gesondert kurz beschrieben.

Zur besseren Übersicht des Auf und Ab im Verlauf der Alpenpassroute mag folgendes schematische Profil dienen:

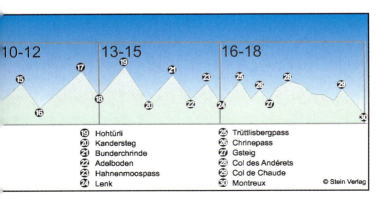

⑲ Hohtürli	㉕ Trüttlisbergpass
⑳ Kandersteg	㉖ Chrinepass
㉑ Bunderchrinde	㉗ Gsteig
㉒ Adelboden	㉘ Col des Andérets
㉓ Hahnenmoospass	㉙ Col de Chaude
㉔ Lenk	㉚ Montreux

© Stein Verlag

Reise-Infos von A bis Z

Spielbodenalp

Anreise

Auto

Mit dem Auto von Deutschland kommend, fahren Sie die A96 (München ⇨ Lindau) südwärts und überqueren bei Lindau die Grenze Deutschland - Österreich. Mit der weitergehenden österreichischen A14 fahren Sie bis zur Abfahrt "Hohenems", von wo Sie über Diepoldsau auf die Schweizer Autobahn A13 in Richtung "Chur" wechseln. Von hier geht es südwärts weiter, bis Sie an der Abfahrt "Sargans" die Autobahn verlassen.

Bahn

Sargans ist mit der Bahn problemlos zu erreichen (🖥 www.sbb.ch).

Rückreise

Für die Rückreise von Montreux nach Sargans empfiehlt sich die Bahn. Der Bahnhof von Montreux liegt etwas nördlich der Stadtmitte. Auskunft über die Bahnverbindungen erhält man unter ☎ 0900300300 oder per Internet 🖥 www.sbb.ch.

Ausrüstung

Da die vorliegende Alpenpassroute eine Hochgebirgstour darstellt, sollte die Ausrüstung für alle Eventualitäten möglichst umfassend sein. Folgende Ausrüstungsgegenstände sind empfehlenswert bzw. notwendig:

- ☐ Anorak
- ☐ Erste-Hilfe-Set (inklusive Heftpflaster)
- ☐ Gamaschen
- ☐ Handschuhe
- ☐ Kleines Notzelt
- ☐ Hüttenschlafsack
- ☐ Kompass
- ☐ Labiosan für die Lippen

☐   Mobiltelefon (in Tälern nur bedingt einsatzbereit)
☐   Nähzeug
☐   Pullover
☐   Regenschirm (Knirps), Regenschutz (Poncho)
☐   Rucksack (je nach Anzahl der Übernachtungen nicht zu klein)
☐   Schirmmütze und Wollmütze
☐   Schlafsack
☐   Sonnenbrille
☐   Sonnencreme
☐   Strapazierfähige Hose
☐   Taschenlampe
☐   Taschenmesser
☐   Teleskopstöcke
☐   Trinkflasche (zusätzlich Konzentrat)
☐   Turnschuhe
☐   Unterwäsche
☐   Verpflegung für unterwegs
☐   Wanderführer (vorliegendes Buch)
☐   Wanderkarten
☐   Wanderstiefel
☐   Wanderstrümpfe

Essen und Trinken

Generell ist Essen und Trinken in der Schweiz teurer als in Deutschland bzw. Österreich, sei es beim Einkaufen der Lebensmittel, sei es im Restaurant (20 bis 40 % teurer). Dafür ist die Qualität des Angebotenen mindestens ebenbürtig. Im Allgemeinen ist man im Gasthaus mit einem Menü besser bedient als mit einem Gericht à la Carte, da es preisgünstiger und gut zusammengestellt ist.

Was die Schweizer Küche angeht, kann man kaum von einer "Nationalen Küche" reden in einem Land, wo sich die Überlieferungen der deutschen, italienischen und französischen Kochkunst treffen. Das soll aber nicht heißen, dass es keine Spezialitäten gibt, im Gegenteil, jede Region bietet etwas, das einen Versuch wert ist. Die Speisekarte im östlichen Teil des Landes, wo die Alpenpassroute beginnt, wird von der deutschen Küche bestimmt, während sie in der Westschweiz, wo die Tour endet, deutlich auf den französischen Einfluss hinweist.

Eine der bekanntesten Spezialitäten der Ostschweiz ist das Bündnerfleisch, rohes, getrocknetes Rindfleisch, das in hauchdünnen Scheiben vorgesetzt wird. Bekannt sind auch die Leberspiessli: Kalbsleber mit Speckscheiben am Spieß gegrillt. Natürlich isst man dazu Rösti, d.h. in Würfel geschnittene gekochte Kartoffeln, in der Pfanne gebraten und im Ofen überbacken. Die reich garnierte Berner Platte besteht aus verschiedenen Wurstsorten: Schinken, Speck, gekochtem Rindfleisch, Kartoffeln und grüne Bohnen.

In der Westschweiz werden dagegen geräucherte Wurstwaren vorgezogen: Boutefas und Longeole. Hier ist als Spezialität das Fondue bekannt und berühmt, eine hauptsächlich aus Hartkäse (Gruyère bzw. Emmentaler) bestehende erwärmte flüssige Masse, in die mit einer langen Gabel Brotstücke eingetaucht werden. Wehe dem, der sein Brot in den Tiegel fallen lässt: er muss eine Runde spendieren! Ein anderes bekanntes Käsegericht der romanischen Schweiz ist das Raclette, welches mit Pellkartoffeln und sauren Gurken gereicht wird.

Was das Trinken angeht, ist man im Restaurant und auf der Hütte mit Bier - hier ist die "Stange" das Maß - und Wein nie schlecht aufgehoben. Letzterer ist meistens Fendant aus dem Wallis, ein leichter trockener Weißwein, der aus der Rebsorte Chasselas (Gutedel) gewonnen wird. Wer mehr Weine kennenlernen will - und bereit ist, dafür auch mehr zu zahlen - der greift zum Lavaux, Yvorne oder Aigle. Preiswerter ist es, im Restaurant offene Landweine in Karaffen von 2, 3 oder 5 dl zu bestellen.

Geld

Da die Alpenpassroute durch die Schweiz führt, ist es ratsam, sich von vorneherein mit einer genügenden Summe an Schweizer Franken (€ 1 = 1,6528 CHF, 1 CHF = € 0,6050) einzudecken. Wechseln kann man natürlich auch in Banken und oftmals in Verkehrsämtern; aber bei einer Gebirgstour wie der vorliegenden sind solche Lokalitäten eher selten. Die gängigen Kreditkarten werden nicht immer und überall akzeptiert.

Geografie

Was die Schweizer Alpen insgesamt angeht, so nehmen sie drei Fünftel des Landesgebiets ein, wodurch die Schweiz neben Österreich zum zweiten Alpenstaat wird. Die Alpenpassroute verläuft hauptsächlich durch die deutschsprachigen Kantone St. Gallen, Glarus, Uri, Unterwalden und Bern. Erst am Schluss geht es in den französischsprachigen Kanton Waadt. Doch unabhängig von den kulturellen Gegebenheiten bestimmt der alpine Landschaftscharakter die wirtschaftlichen Grundlagen der Region. So wird der Ackerbau wegen des rauen Klimas und der unproduktiven Bodenflächen beeinträchtigt, sodass Weidewirtschaft und Viehzucht vorherrschen. Davon zeugen die vielen Alpwirtschaften und Weidegebiete, an denen die Wanderung vorbeiführt.

Im Folgenden werden kurz die Alpengruppen beschrieben, durch welche die Alpenpassroute verläuft. Es handelt sich um die Glarner, die Urner und die Berner Alpen sowie um die Freiburger Voralpen.

Die **Glarner Alpen** erstrecken sich zwischen dem Rheintal im Süden und Osten, dem Walensee im Norden und dem Klausenpass im Westen. Der höchste Gipfel ist der Tödi (⇧ 3.614 m). Im Vergleich zu den bekannteren Berner Alpen sind die Glarner Alpen weniger überlaufen, stehen diesen aber hinsichtlich der landschaftlichen Schönheit und Großartigkeit kaum nach. Aus geologischer Sicht bemerkenswert ist die sogenannte Glarner Überschiebung, d.h. eine Schichtenfolge des Gesteins, bei der sich vor 20 bis 30 Mio. Jahren älteres auf jüngeres Gestein geschoben hat. Diese mehr oder weniger horizontale Gesteinsgrenze kann auch von der Alpenpassroute aus gesehen werden.

Die **Urner Alpen** liegen zwischen dem Furka- und dem Grimselpass im Süden, dem Reusstal im Osten, dem Vierwaldstätter See im Norden und dem

Brünigpass im Westen. Der höchste Gipfel ist der Dammastock (⇧ 3.630 m). Berühmt ist vor allem der Titlis (⇧ 3.238 m), unter dem die Alpenpassroute vorbeigeht.

Die im Süden und Westen durch das Rhonetal und im Osten durch das Haslital begrenzten **Berner Alpen** gliedern sich in zwei geologisch wie landschaftlich unterschiedliche Hälften: in die östlichen Berner Hochalpen und in die westlichen Berner Alpen. Im erstgenannten Teil liegt der höchste Gipfel der Berner Alpen, das Finsteraarhorn (⇧ 4.274 m).

Die östlichen Berner Hochalpen bauen sich aus kristallinen Gesteinen, wie Granit oder Gneis, und aus Kalk auf. Dieser wurde im Verlauf der Erdgeschichte teilweise steil aufgestellt, was heute am Wetterhorn und am Eiger zu sehen ist. An der Jungfrau wurde der Kalk von älterem kristallinem Gestein übergeschoben. Die 2 bis 3 km hohe Kalkmauer setzt sich noch bis zum Doldenhorn und bis zum Balmhorn fort und stellt vor allem mit dem Dreigestirn Eiger, Mönch und Jungfrau das eigentliche Schaustück der Berner Alpen dar. Hier führt die Alpenpassroute vorbei.

Die westlichen Berner Alpen bestehen aus isolierten Kalkmassiven, welche von Karsthochflächen und mäßiger Plateauvergletscherung geprägt sind. Die Passübergänge, wie der Sanetsch- oder der Gemmipass, sind nicht vergletschert und können auf Saumwegen überschritten werden.

Die Berner Alpen weisen eine Reihe von Superlativen auf, von denen folgende von der Alpenpassroute berührt werden:

▷ Dreigestirn Eiger, Mönch und Jungfrau
▷ Eiger-Nordwand, die bekannteste Felswand der Alpen
▷ Jungfraubahn, die berühmteste Bergbahn der Welt
▷ Gondelbahn Grindelwald, die längste Gondelbahn Europas
▷ Oeschinensee, der größte natürliche Hochgebirgssee der Schweiz

Was die **Freiburger Voralpen** angeht, in welchen die Alpenpassroute endet, so befinden sich diese in den Kantonen Freiburg, Bern und Waadtland. Sie sind Teil der Schweizer Voralpen. Ihr höchster Gipfel ist der Vanil Noir (⇧ 2.389 m).

Karten

Das für die vorliegende Wanderung notwendige Kartenmaterial ist bei den einzelnen Streckenbeschreibungen angegeben. Auf jeden Fall sollte man sich die Karten vor Beginn der Tour besorgen, da sie erfahrungsgemäß unterwegs im Buchhandel und in den Touristbüros nicht immer vorrätig sind. Im Verlauf der Wanderung wird man bald feststellen, dass die Markierungen - im Text unterstrichen - nicht so häufig sind wie bei einer Mittelgebirgswanderung. Auch die Vielfalt der Markierungsart ist beschränkt. Meistens sind es nur die Farbgebungen gelb und weiß-rot-weiß. Manchmal wechseln sich auch - im Gegensatz zur Wanderkarte - unterschiedliche Markierungen im Verlauf ein und desselben Streckenabschnitts ab.

Mit jeder neuen Markierung im Streckenverlauf beginnt ein neuer Absatz im Text. Empfehlenswert ist es auf jeden Fall, sich mit Hilfe des Kartenmaterials rechtzeitig über den Verlauf der jeweiligen Route zu orientieren. Auf Geröllfeldern sind des Öfteren die Markierungen durch Steinmännchen ersetzt.

Klima

Das Klima bzw. das Wetter in den Alpen bedeutet für den Sommer auch an Schönwettertagen oft relativ starke Bewölkung. Erst ab Anfang September bessern sich die Verhältnisse. Dann können allerdings starke Temperaturstürze eintreten, die auch zu Schneefall führen können. Was den Schnee des vorhergehenden Winters angeht, ist dieser erst ab Mitte Juli vollständig abgeschmolzen. Dies und die üblichen Öffnungszeiten der Hütten (Juni bis maximal Mitte Oktober) machen Hochtouren erst ab Juli empfehlenswert. Am stärksten sind die Höhenwege zwischen Juli und September frequentiert.

Nahverkehr

Um die Tour möglichst beliebig unterbrechen zu können, bietet sich für Rückfahrten von geeigneten Punkten der öffentliche Nahverkehr an. Er

besteht aus den Bahn- und Busverbindungen der SBB. Informationen hier-
über sind sowohl telefonisch (☎ 0900300300) als auch per Internet zu
erhalten (🖳 www.sbb.ch).

Telekommunikation

Die Vorwahl in die Schweiz ist die ☎ 0041; von dort nach Deutschland bzw.
Österreich ist es die ☎ 0049 bzw. ☎ 0043. Öffentliche Telefone gibt es in
den meisten Ortschaften, durch welche die Tour führt; die Unterkünfte außer-
halb dieser Ortschaften (Berghütten, …) haben ebenfalls Telefon (im Text
angegeben).

Internetcafés konnten während der Tour in den Ortschaften nicht recher-
chiert werden. Die Telefonkosten entsprechen in etwa denen von Deutschland bzw. Österreich. Der Empfang der Mobiltelefone ist während der Tour
nicht immer gegeben; das trifft vor allem auf die Gebirgstäler zu.

Übernachtungsmöglichkeiten

In den Ortschaften sind mehrere Übernachtungsmöglichkeiten gegeben
(Etappe 1, 2, 3, 5, 8, 9, 10, 13, 14, 15, 16, 17, 18).

Die Streckenabschnitte sind so gewählt, dass am Ende einer jeden Tages-
tour in einer Berghütte, in einer Pension, in einem Gasthof oder in einem
Hotel übernachtet werden kann. Auf jeden Fall ist es empfehlenswert, vorher
zu reservieren. Was die Berghütten angeht, so ist anzuraten, sich entweder
direkt beim Hüttenwirt telefonisch anzumelden oder, wenn ein längerer Aufenthalt geplant wird, beim Hüttenwirt oder beim Hüttenwart der hüttenbesit-
zenden Sektion telefonisch zu buchen. In der Hochsaison und an den Herbst-
wochenenden sind die Hütten oft überfüllt.

Auf den Hütten gelten folgende Regeln:
▷   Einhaltung der Hüttenordnung. Hierzu gehört zum Beispiel, nicht mit
       Bergschuhen ins Lager zu gehen. Im Lager darf auf keinen Fall
       gekocht, Brotzeit gemacht oder geraucht werden (Brandgefahr!).

▷ Hüttenruhe ist in der Regel ab 22:00. Das ist zwar relativ früh; aber es empfiehlt sich, auf die Einhaltung zu achten. Die Hüttenwirte schalten das Licht aus. Man tut gut daran, eine Taschenlampe dabeizuhaben, um nachts die Toiletten zu finden.

▷ Benutzung eines Hüttenschlafsacks: Dies ist ein als Schlafsack vernähtes Leintuch, das zwischen Matratze und Wolldecke gelegt wird. Es ist verpflichtend und kann in jedem Ausrüstungsladen oder über den Alpenverein bezogen oder selbst genäht werden.

▷ Das Lager wird in ordentlichem Zustand hinterlassen.

▷ Persönliche Abfälle bringt man selbst ins Tal zurück.

Was die jeweiligen Ortschaften angeht, so erhält man die Adressen und Telefonnummern für Übernachtungen in Pensionen, Gasthöfen oder Hotels bei den Touristenbüros oder aus dem Internet. Reservierungen sind zu empfehlen. Pro Person und Übernachtung muss man zwischen CHF 30 (Berghütte), CHF 50 (Pension) und CHF 90 (Hotel) einplanen. Die Preise variieren saisonbedingt (Vor-, Haupt- und Nachsaison sowie Wochenende und Werktag). Camping ist bei der vorliegenden Gebirgstour nicht ratsam.

Verhalten im Gebirge

Das Gebirge ist ebenso wie das Meer oder die Wüste eine extreme Landschaftsform. Seine Gefährlichkeit wird oft unterschätzt und die Unkenntnis der alpinen Gefahren fordert jedes Jahr zahlreiche Opfer.

Auch auf einfachen Wegen und Übergängen kann man durch einen Fehltritt oder durch Nebel, Neuschnee, Sturm und Kälte in Gefahr geraten.

▷ Man sollte stets die Bekleidung wählen bzw. mitnehmen, die für schlechtes Wetter geeignet ist (☞ Ausrüstung). Anfänger sollten nicht allein wandern. Im Notfall ist mit einem Begleiter meist Hilfeleistung und Rettung möglich.

▷ Die Kälte ist der gefährlichste Feind des Bergwanderers, vor allem in Verbindung mit Wind und Nässe. Hier hilft im Notfall nur eine Ersatzgarnitur trockener Wäsche, denn erst Erschöpfung und Unterkühlung sind gefährlich. Notzelt oder Biwacksack helfen für den Fall dass man durch einen Wettersturz zum Übernachten im Freien gezwungen wird. Bei Kälte hilft nur Bewegung: nicht stillsitzen, sondern ständig turnen, bis der Morgen kommt.

▷ Eine andere Gefahr ist der Nebel. Hier ist die Umkehr stets das Beste. Nur wer mit Kompass und Karte umgehen kann, sollte es riskieren, weiterzugehen. Als Gruppe sollte man immer zusammenbleiben, nie auseinandergehen.

▷ Gewitter sind auf Gipfeln und Übergängen am gefährlichsten. Bäume, Seilsicherungen und sonstige eiserne Gegenstände sind zu meiden.

▷ Neben diesen objektiven Gefahren, die von der Natur ausgehen, sind auch die subjektiven Gefahren zu berücksichtigen, die im Menschen begründet sind: mangelnde Kondition, fehlende Trittsicherheit, Leichtsinn usw. Vor ersterem hilft entsprechendes Training vor einer Tour. Ein paar leichte Kletterübungen können auch nicht schaden. Auf jeden Fall gilt: je sportlicher, desto besser. Vor Ort sind dann Besonnenheit und Geduld gefragt.

▷ Was das Wetter angeht, so ist dessen Beobachtung für den Bergwanderer unverzichtbar. Vor allem im Frühsommer sind Wetterstürze zahlreich. Wer nicht im Wolkenbild oder in den Farben des Sonnenlichts zu lesen versteht, frage den Hüttenwirt nach den Wetteraussichten.

📖 Wetter, von Michael Hodgson & Meeno Schrader, OutdoorHandbuch Band 13, ISBN 978-3-89392-313-7, € 6,90

▷ Wer sich in akuter Gefahr befindet, d.h. wer sich beispielsweise verirrt oder verletzt hat, der wende das alpine Notsignal an, das SOS der Bergsteiger. Das Signal besteht aus sichtbaren oder hörbaren Zeichen, je nach Sicht, Witterung und Örtlichkeit. Man ruft, schreit, pfeift sechsmal in der Minute in regelmäßigen Abständen, wartet eine Minute, dann wiederholt man das Signal. Oder man schwenkt ein Tuch, ein Hemd, man gibt Blinkzeichen mit einer Lampe oder einem Feuerbrand, aber auch hier gilt die Regel: sechsmal in einer Minute, dann eine Minute Pause, dann abermals das Signal und so fort.

Die Antwort, bestehend aus drei regelmäßigen Zeichen binnen einer Minute, soll dem Verirrten oder Verunglückten zeigen, dass seine Rufe verstanden worden sind. Gibt jemand das alpine Notsignal und kann sich dann doch noch aus eigener Kraft retten, bevor die Rettungsmannschaft kommt, so hat er sofort die Hütte bzw. die Talstation zu verständigen. In der Schweiz gilt wie in den Staaten der EU die Notrufnummer ☎ 112.

Trotz der aufgeführten Gefahren im Gebirge sollte man diese nicht fürchten, sondern respektieren. Auch die Begegnung mit der Gefahr und deren Überwindung kann neben der Erfahrung der Stille und der Schönheit der Berge das Glücksgefühl des Bergwanderers erhöhen.

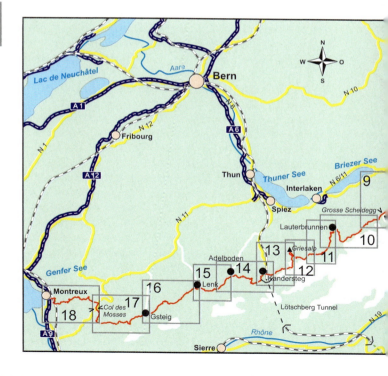

Wegezustand

Der Zustand der Wege ist unterschiedlich. Vom breiten Fahrweg bis zum steilen und steinigen Pfad sind alle Varianten vorhanden. Dazu kommt, dass je nach Witterungsverhältnissen aus trockenen und sicheren Wegen matschige und rutschige Wege werden können. Auch feuchter und nasser Kalkstein ist glatt, sodass ein steiniger Bergpfad bei Regen oder im Gewitter mit Vorsicht zu begehen ist. Hier macht sich gutes Schuhwerk bezahlt.

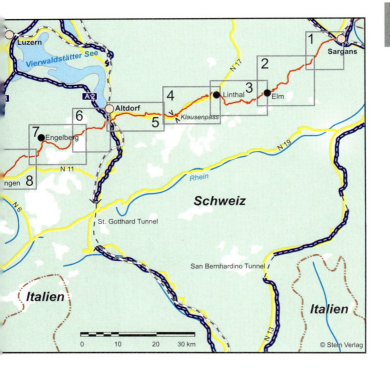

Die Wege sind recht gut ausgeschildert. Dafür sind die Wegemarkierungen spärlicher als in einem Mittelgebirge. Die Farbgebung der Markierungen hängt vom Schwierigkeitsgrad des Wegs ab. Wege für jedermann, die mit gewöhnlichem Schuhwerk und ohne besondere Gefahren begangen werden können, sind <u>gelb</u> markiert. Meistens sind das Wege in der Umgebung von Ortschaften. Sind die Anforderungen an die Ausrüstung in Bezug auf wetterfeste Kleidung und geeignetes Schuhwerk größer, so ist die Farbgebung der Markierung <u>weiß-rot-weiß</u>. Damit sind meistens Bergwege und alpine Pfade markiert, welche besondere Kondition und Vorsicht erfordern.

Markierung auf einem Holzstück (ji)

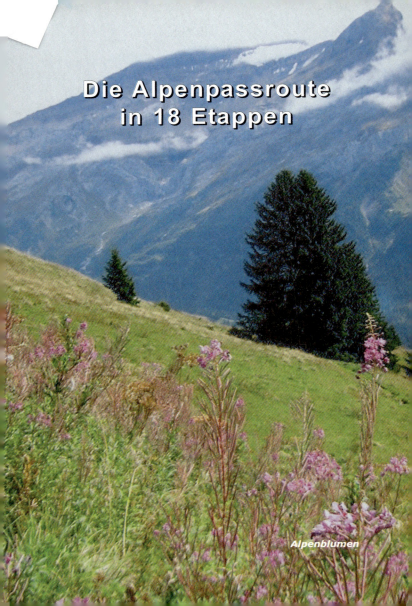

Die Alpenpassroute
in 18 Etappen

Alpenblumen

Etappe 1: Sargans - Weisstannen   ⏳ 4 Std., ⇧ 530 m

🚌   Weisstannen ⇨ Sargans

✕   Mels, Schwendi

🛏   Hotel Gemse, 7326 Weisstannen, ☎ 0041/817231705,
        FAX 0041/817234107, 🖳 www.weisstannen.ch,
        Bemerkung: ruhiges, preiswertes Hotel, Massenlager CHF 30,
        DZF CHF 46 bis 68

◆   Verkehrsverein Mels-Weisstannen, ☎ 0041/81/7253030, 🖳 www.mels.ch

📖   Kümmerly + Frey Karte 12 1:60.000 Glarnerland, Walensee

Sargans ist der ideale Ausgangspunkt für die Alpenpassroute. Der Ort im Kanton St. Gallen ist verkehrsmäßig leicht zu erreichen und zugleich gelangt man von hier rasch auf die Pässe und Gipfel der Glarner Alpen.

Auch in seiner Geschichte spielt der Verkehr für Sargans eine wichtige Rolle. Am "Doppeltor zu den Alpen" mit den Zugängen zum Seez- und zum Rheintal finden sich vorgeschichtliche, römische, mittelalterliche und neuzeitliche Siedlungsspuren auf engem Raum vereint. Die im 19. Jahrhundert gebaute Eisenbahn sowie moderne Straßen und die Autobahn unterstreichen die gute Verkehrslage des Hauptortes des Sarganserlandes.

Vom 1. bis zum 3. Jh.n.Chr. gab es im Gebiet des heutigen Sargans einen bedeutenden römischen Gutshof. Zu dieser Zeit wurde bereits Erz am Gonzen abgebaut. Das Eisenbergwerk, bis 1966 in Betrieb, kann heute besichtigt werden. Im 8. Jahrhundert wurde Sargans unter dem Namen "Senegaune" erstmals erwähnt. Bereits im 9. Jh. gab es eine christliche Kirche und ab 1100 wurde der erste Turm des Schlosses Sargans erbaut. Bis zum Ende des Mittelalters war die Burg Sitz der Grafen von Werdenberg-Sargans, welche auch die Landesherren waren. Sie gründeten um 1260 das Städtchen und machten es bald zu einem wichtigen Mittelpunkt für Politik, Wirtschaft und Kultur. Heute lädt das malerische Städtchen zum Entdecken und Flanieren ein.

Die erste Etappe, welche in Sargans beginnt, ist kaum anstrengend und dient eher zum Warmlaufen und Akklimatisieren. Am Bahnhof finden Sie einen Wegweiser, der Ihnen die Richtung nach "Mels, Weisstannen" anzeigt, d.h. Sie folgen kurzzeitig der Bahnhofstraße und zweigen in der anschließenden Rechtskurve nach links auf den Bahnweg ab. Der mit einer gelben Raute markierte asphaltierte Weg verläuft neben den Eisenbahnschienen und lässt Blicke nach rechts frei auf das Schloss von Sargans. Dann unterqueren Sie Eisenbahn und Autobahn nach links und gelangen geradeaus nach Mels. Etwas anders als in der Wanderkarte eingezeichnet, nehmen Sie eine Rechts- und anschließend eine Linkskurve, um schließlich die

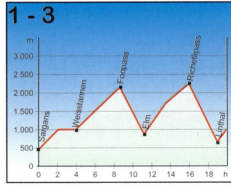

Kirchstraße zu überqueren und auf einem schmalen Weg auf die nächste Straße zu stoßen, der Sie nach rechts zum Ortszentrum folgen (35 Min., ✕). Nach dem Platz am Rathaus überqueren Sie die Seezbrücke und steigen kurzzeitig ein kleines Sträßchen bergauf, um bald nach links einem gelben Pfeil folgend steil hochzusteigen und weiter oben in dem Weiler St. Martin anzukommen. Sie verlassen ihn in Richtung "Chapfensee, Vermol" und erreichen teils auf der Straße, teils über Abkürzungen schließlich den Wegweiser von "Tschess". Von zwei Varianten, die in Richtung "Weisstannen" zeigen, nehmen Sie die linke Variante, d.h. Sie steigen in Richtung "Weisstannen, Schwendi, Müliboden" gemächlich bergab. Von dem nun folgenden aussichtsreichen Hangweg gehen die Blicke hinunter in das Tal der Seez und hinauf auf die Liechtensteiner Alpen. Nachdem Sie einen Pfad nach links hinunter in Richtung "Bad Ragaz" haben abgehen lassen, kommen Sie weiter unten in dem Weiler Schwendi an (3 Std. 15 Min., ✕). Unmittelbar hinter dem Gasthaus "Zur Mühle" geht es im Zickzack hinauf zum Waldrand, an dem entlang Sie nach Weisstannen wandern (⧖ 4 Std.).

Die Kirche von Weisstannen stammt aus dem Jahr 1665. Die Post wurde 1772 erbaut und ist als einziges altes Steinhaus dem Tal erhalten geblieben. Sie diente früher als Verwaltungsgebäude für den Alpbezirk Schänis.

Etappe 2: Weisstannen - Elm ⧖ 7 Std. 10 Min., ⇧ 1.300 m

🚌   Elm ⇨ Glarus
✕   Vorsiez, Walabütz
🛏   Hotel Elmer, 8767 Elm, ☏ 0041/556426080, FAX 0041/556426085,
     💻 www.hotelelmer.ch,
     Bemerkung: bürgerliches Hotel
♦   Tourist Information Elm, ☏ 0041/55/6425252, 💻 www.elm.ch
📖   Kümmerly + Frey Karte 12 1:60.000 Glarnerland, Walensee

Die zweite Etappe der Gesamttour ist anspruchsvoller als die erste. Brechen Sie daher rechtzeitig auf und folgen Sie - an der Kirche und an dem alten Schulhaus vorbei - der Durchgangsstraße von Weisstannen, wobei Sie bald ein an einem Laternenmast angebrachtes gelbes Schild mit der Bezeichnung "Wanderweg" zu einem Wegweiser schickt, der in die Richtung "Vorsiez, Foopass und Elm" weist.

Mit der Markierung gelbe Raute geht es das Tal der Seez weiter bergauf, zunächst auf einem asphaltierten Sträßchen, dann auf einem Waldweg, bis Sie zur Alpwirtschaft Vorsiez gelangen (✕ 🛏 ⧖ 1 Std. 5 Min.).

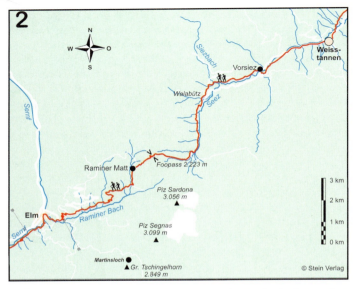

Neben Vorsiez gibt es noch Obersiez sowie den Siezbach, das Siezfurg-gla und den Siezwald, durch den Sie noch kommen werden. Siez leitet sich von "Sentens" ab, was so viel heißt wie "beim stehenden Wasser". So wurde bereits 1264 diese Alp genannt, welche zum Frauenkloster Schänis gehörte. Es darf angenommen werden, dass die Alprechte nach und nach auf die hiesigen Bauern übertragen wurden. 1517 wurde eine Ratsversammlung einberufen, in der die Grenzen festgelegt wurden, die heute noch Gültigkeit haben. Dasselbe gilt für ein Alpreglement, das zuletzt 2005 den aktuellen Verhältnissen angepasst wurde.

Was die heutige Bewirtschaftung der Alp angeht, so wird der Alpbetrieb von 10 Personen bewältigt. Da die Herstellung von Milchprodukten auf einem Alpbetrieb aufwendig und sehr teuer ist, können die Produkte nicht über den Großhandel vertrieben werden, wo sie mit billigen landwirtschaftlichen Industrieprodukten aus dem Ausland konkurrieren müssten. Der Verkauf muss deshalb am Produktionsstandort erfolgen.

Und weil der Kunde nicht nur etwas kaufen, sondern auch etwas erleben will, wird hier dem Touristen Verschiedenes geboten, was dem Veranstaltungskalender der Alp entnommen werden kann.

Nun geht es oberhalb und hinter der Alpwirtschaft Vorsiez auf einem Fahrweg hinauf. Bei einer folgenden Weggabelung nehmen Sie die linke Variante, die zunächst leicht hinabführt, bis Sie an eine Linkskurve gelangen. Hier ist Vorsicht geboten: Folgen Sie dem Weg nicht weiter nach links, sondern verlassen Sie ihn geradeaus in den Wald hinein. Die Markierung folgt später. Auch der weitere Weg zur Alp Walabütz ist nur spärlich markiert (✗ ⧖ 2 Std.).

Der folgende zunächst steile Anstieg ist mit einem <u>weiß-rot-weißen Rechteck</u> markiert. Dann geht es gemächlicher weiter, stets entlang der jungen Seez. Letztere sollten Sie nicht überqueren, auch nicht, wenn es weiter oben danach aussieht. Halten Sie sich dagegen nach rechts und steigen Sie - zuletzt über Stufen - hinauf zur Fooalpe (⧖ 3 Std. 40 Min., manchmal bewirtschaftet). Unter den Nordwänden des Surenstocks erreichen Sie dann

Im oberen Seeztal

den Foopass (⧖ 4 Std. 45 Min.). Die Anstrengung des Aufstiegs wird entschädigt durch eine umfassende Aussicht auf die Glarner Alpen, so auf die Gipfel von Hausstock, Kärpf und Glärnisch. Über den Foopass verläuft auch die Grenze zwischen dem Kanton St. Gallen und dem Kanton Glarus.

Bis zur Raminer Matt erfolgt der Abstieg auf einem Pfad; danach geht es weniger steil auf einem Fahrweg bergab. Von unten hören Sie den Raminer Bach rauschen. Dort hinunter geht es dann nochmals auf einem Pfad und danach auf Asphalt und auf Wegen nach Elm (⧖ 7 Std. 10 Min.).

Das Bergdorf Elm liegt im Talkessel des hinteren Sernftals inmitten saftgrüner Wiesen und umgeben von großartigen Ahorn- und Tannenwäldern. Überragt wird das 800-Seelen-Dorf von den Gipfeln des Piz Sardona, des Hausstock, des Kärpf und des Vorab. Bis 1969 war Elm durch die Sernftalbahn an das Netz der Eisenbahn angeschlossen. Danach sorgte der Autoverkehr für die weitere Erschließung des Ortes, vor allem durch den Tourismus. Dennoch ist auch heute noch die Landwirtschaft der Haupterwerbszweig des Ortes.

An Sehenswürdigkeiten sind zunächst das Gross-, das Zentner- und das Suworowhaus zu nennen. Das in seinem Stil einzigartige Grosshaus gehörte Ende des 16. Jahrhunderts dem Landvogt Hans Elmer; das unweit davon stehende Zentnerhaus ist etwas einfacher, in seinen Ausmaßen aber mindestens ebenso beeindruckend. Im Suworowhaus machte Anfang Oktober 1799 General Suworow Quartier, bevor er über den nahe gelegenen Panixerpass weiterzog. Sehenswert ist auch die spätgotische Kirche mit Erinnerungstafeln für die 114 bei einem Bergsturz im Jahr 1881 ums Leben gekommenen Menschen. Das Unglück war durch den Schieferbergbau ausgelöst worden.

Die Hauptsehenswürdigkeit von Elm hat zwar mit der Kirche zu tun, ist aber nicht im Ort, sondern weit darüber. Es ist das Martinsloch. Dieses ist eine natürliche, 17 m hohe und 19 m breite Höhle knapp unterhalb des Felsgrats im Grossen Tschingelhorn. Zweimal im Jahr, eine Woche vor Frühlingsbeginn und eine Woche nach Herbstanfang, scheint die Sonne am Morgen durch dieses Loch direkt auf die Dorfkirche von Elm. Bereits in vergangenen

Jahrhunderten berichteten Reisende von diesem außergewöhnlichen Natur-
schauspiel, das auch heute noch Schaulustige in großer Zahl nach Elm lockt.

Etappe 3: Elm - Linthal   ⧖ 7 Std. 45 Min., ⇧ 1.400 m

🚌   Linthal ⇨ Altdorf

🚏   Linthal ⇨ Glarus

✕   Obererbs

🛏   Hotel Bahnhof, 8783 Linthal, ☎ 0041/5564315220,

       FAX 0041/5564327522, ▭ www.hotelbahnhof-linthal.ch,

       Bemerkung: preiswertes Hotel

◆   Linthal-Rüti Tourismus, ☎ 0041/55/6431500, ▭ www.linthal-rueti.ch

📖   Kümmerly + Frey Karte 12 1:60.000 Glarnerland, Walensee

     Am Ortseingang zweigt gegenüber dem Restaurant "Sonne" ein Sträßchen
zur Tourist-Information ab. In dieses schickt Sie ein gelber Wegweiser mit
weiß-rot-weißer Spitze in Richtung "Erbst, Richetlipass". Nach der Tourist-
Information überqueren Sie nach links den Bach mit dem Namen "Sernf" und
wandern noch ein Stück weiter bis zum nächsten Wegweiser. Diesem folgen
Sie nach rechts in Richtung "Richetlipass" und umrunden mit der Markierung
weiß-rot-weißes Rechteck das Dorf. Links oben sehen Sie das Martinsloch
und vorne am Horizont die breite Silhouette des Hausstocks. Nun geht es
entlang des Baches talaufwärts, den Sie weiter oben überqueren. Sie stoßen
dann auf eine Autostraße, der Sie nach links folgen. Am "Büel" zweigen Sie
von dieser nach rechts ab und gelangen über ein Sträßchen sowie über
Abkürzungen zur Skihütte "Obererbs" (✕ ⧖ 2 Std. 30 Min.).

     Oberhalb der Hütte schickt Sie der nächste Wegweiser in Richtung "Wich-
lenmatt, Richetlipass, Linthal" bergauf, was bedeutet, dass Sie nun zu einer
Scharte am Erbser Stock aufsteigen. Von dieser können Sie noch einmal
zurückschauen auf den Foopass und den Surenstock sowie hinüber zum
Vorab mit seinem abgeschliffenen Gipfelbuckel und zum Hausstock. Dann
erblicken Sie fast auf gleicher Höhe gegenüber den Richetlipass und schauen
hinunter zur Idylle der Wichlenmatt. Zu diesem blumenreichen Alpboden

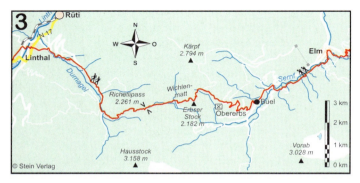

steigen Sie nun ab und erklimmen anschließend den Richetlipass (⌛ 4 Std. 45 Min.). Von hier erblicken Sie zurückschauend den Gipfel des Kärpf sowie die übrigen oberhalb von Elm aufgereihten Gipfel. Auf der anderen Seite dominiert der Ortstock das Panorama.

Blick von Obererbs zum Hausstock

Der Abstieg zum Bachbett des Durnagel ist steil. Dort angekommen schauen Sie noch einmal hinauf zu den Nordwänden des Ruchi. Dann überqueren Sie zweimal den Durnagel und steigen - jetzt gemächlicher - auf einem Fahrweg bergab. Letzteren verlassen Sie noch einmal, um auf einem Pfad direkt zum Bach hinunter abzusteigen, dem Sie eine Weile folgen. Nach dem Austritt aus dem Wald ist es nicht mehr weit bis Linthal (⏳ 7 Std. 45 Min.).

Linthal, die südlichste Gemeinde des Kantons Glarus, liegt im hintersten Talkessel des Glarnerlandes und im Quellgebiet der Linth. Der Ort setzt sich aus den Dorfteilen Ennetlinth auf der linken und Linthal-Dorf auf der rechten Talseite, sowie Linthal-Matt am Austritt des Durnagels zusammen. Den Talabschluss bilden die eisgepanzerten Dreitausender Hausstock, Bifertenstock, Tödi und Clariden. Seiner malerischen Lage verdankt Linthal den Tourismus. Aber der wirtschaftliche Aufschwung des Ortes rührt auch von der regionalen Industrialisierung her. So wurde bereits 1836 in Linthal eine Baumwollspinnerei, -färberei und -bleicherei gegründet. 1853 folgte eine Woll- und Kammgarnspinnerei. Von einer gewissen Bedeutung war auch das 1830 erbaute Schwefelbad Stachelberg, das so illustre Persönlichkeiten wie Napoleon III., Feldmarschall Graf Moltke und Graf Zeppelin zu seinen Gästen zählte.

Etappe 4: Linthal - Klausenpass

⏳ 6 Std. 15 Min., ⇧ 1.400 m

     Klausenpass ⇨ Altdorf, Linthal

✗   Urnerboden

🛏   Hotel Klausenpasshöhe, 6465 Unterschächen, DZF CHF 50
        ☎ 0041/879/1164, FAX 0041/418791884, 🖥 www.klausenpasshoehe.ch
        Bemerkung: altes, originelles Hotel, ein „Muss"

📖   Kümmerly + Frey Karte 12 1:60.000 Glarnerland, Walensee

Diese und die folgende Etappe verlaufen mehr oder weniger parallel zur Klausenpassstraße, wodurch es manchmal unvermeidlich ist, der Passstraße zu folgen. Ansonsten ist die Wegführung so konzipiert, dass die Tour möglichst abseits der Straße und durch stille Natur verläuft.

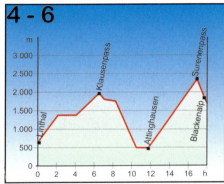

Sie beginnt am Bahnhof schräg gegenüber dem Hotel-Restaurant "Bahnhof". Dort finden Sie einen Wegweiser, der Sie in Richtung "Friteren-Urnerboden, Urnerboden-Klausen" schickt. Nach einer Tankstelle biegen Sie nach rechts ab, umrunden die Bahngleise und zweigen beim nächsten Wegweiser "Am Schöpfgrueberus" nach links in "Alle Richtungen" ab. Mit der Markierung gelbe Raute stoßen Sie bald auf eine der ersten Kurven der Klausenpassstraße, der Sie nun kurzzeitig in Richtung "Urnerboden-Klausen" folgen.

Nachdem die Markierung in ein weiß-rot-weißes Rechteck übergegangen ist, pirschen Sie nach rechts auf einem Pfad hinauf, der die nächste Straßenkehre schneidet und kurz vor der folgenden Straßenkurve zu einem Wegweiser führt. Dieser weist Sie nach rechts in Richtung "Friteren-Urnerboden",

Blick vom Richetlipass zum Jegerstock

wonach Sie eine Felsrinne durchsteigen und oben im Wald auf den nächsten Wegweiser treffen. Diesem folgen Sie nach links weiterhin in Richtung "Friteren-Urnerboden". Wenn der Weg aus dem Wald in einen aussichtsreichen Hangweg übergegangen ist, sehen Sie den Urnerboden schon unten vor sich liegen. Dahinter erblicken Sie am Horizont die Lücke des Klausenpasses. Rechts steigen die schroffen Kalkwände des Jegerstocks auf, dominiert vom markanten Ortstock. Erinnerungen an die Dolomiten werden wach. Links des Klausenpasses schwingen sich die schneebedeckten Gipfel des Clariden und des Gemsfairenstocks empor. Teils auf einem Fahrweg, teils auf einem Pfad steigen Sie schließlich zur Klausenpassstraße ab und gelangen zur Kantonsgrenze Glarus - Uri, worauf ein Grenzstein hinweist.

  Mit der Grenzziehung zwischen den Kantonen Glarus und Uri in der Nähe des Klausenpasses ist die Legende verbunden, dass seinerzeit die Grenzstreitigkeiten mit einem Wettlauf entschieden werden sollten. Je ein Läufer aus den beiden Kantonen sollte von seiner Seite starten und dort, wo sich beide treffen würden, sollte der künftige Grenzverlauf sein. Beim ersten

Hahnenschrei sollten die beiden Läufer starten. Während die Urner ihren Hahn auf schmale Kost setzten, fütterten die Glarner den ihren recht üppig. Die Folge war, dass der hungrige Urner Hahn in aller Herrgottsfrühe zu krähen begann, während der Glarner Hahn bis in den Morgen hinein schlief. So passierte der Urner Läufer die Passhöhe und rannte weiter in Richtung Glarus, bis er auf den Glarner Läufer traf. So erklärt die Legende, dass die Kantonsgrenze nicht über der Scheitelhöhe des Klausenpasses, sondern zwischen diesem und Linthal verläuft. Der Urnerboden, das Hochtal zwischen der Passhöhe und Linthal, ist somit das einzige Tal des Kantons Uri, das vom Urner Talboden durch einen Pass getrennt ist.

Nach kurzer Zeit auf der Klausenpassstraße zweigen Sie von dieser in Richtung "Urnerboden-Klausenpass" nach links ab und steigen entlang des entgegenströmenden Fätschbaches über den weiten Talboden allmählich auf, wobei Sie die Bachseite öfter wechseln. Unterhalb der zum Fisetenpass führenden Seilbahn können Sie nach rechts zum Weiler Urnerboden abbiegen (✕ ⇆ ⧗ 3 Std. 50 Min.).

Das 8 km lange, von knapp 3.000 m hohen Bergen eingekeilte Hochtal Urnerboden ist die größte und schönste Kuhalp der Schweiz. Bis zu 1.200 Kühe und 700 Rinder verbringen hier oben den Sommer bzw. werden "gesömmert", wie die Bewohner des Urnerbodens sagen. Letztere leben hauptsächlich von der Alp- und Landwirtschaft, zunehmend aber auch vom Tourismus, denn im Sommer wird die Alp rege besucht.

Dass der Urnerboden zum Kanton Uri gehört, ist schon erwähnt worden. Daher rührt auch seine andere Bezeichnung "Ennetmärcht", was so viel heißt wie jenseits (schweizerisch: ennet) der Flurgrenze (schweizerisch: March). Wenn im Winter der Klausenpass geschlossen ist, bleibt nur noch die Verbindung zum benachbarten Kanton Glarus. Von dort kommen dann auch die Lebensmittel und die Post. So ist die folgende Aussage der Bewohner des Urnerbodens zu verstehen: "Im Winter sind wir Glarner und im Sommer Urner".

Ansonsten folgen Sie dem Bach weiter bergauf, wobei Markierungen kaum noch zu finden sind. Lediglich einige Steinmännchen dienen weiter

oben zur Orientierung. Schließlich zweigt ein mäßig erkennbarer Weg zur
ersten Kurve der Klausenpassstraße ab, um unterhalb von dieser in Wald ein-
zutauchen und allmählich anzusteigen. Später sind auch wieder Markierungen zu sehen, die allerdings ausbleiben, sobald Sie bei der nächsten Straßenkehre nach links auf den alten Passweg abzweigen und aufsteigen. Dieser
stößt nach einigen Serpentinen weiter oben auf die neue Passstraße, der Sie
ein längeres Stück folgen, bis Sie an einer Ansammlung von Almhütten in
einer Rechtskurve ein Wegweiser in Richtung "Klausenpass" hinaufschickt.
Diese letzte Strecke vor dem Pass, der bald erreicht ist, ist wieder der alte
Passweg (✘ ⌛ 6 Std.).

Der Klausenpass ist ein Ost-West-Übergang zwischen den Kantonen Gla-
rus und Uri. Von November bis Mitte Juni ist der Pass gesperrt, sodass die
Bewohner des Urnerbodens vom Rest des Kantons Uri für mehr als ein hal-
bes Jahr abgeschnitten sind. Erstmals wurde der Klausenpass Ende des 12.
Jahrhunderts erwähnt. Von 1892 bis 1899 wurde er zur Straße ausgebaut.
Zwischen 1922 und 1934 war die Passstraße Schauplatz weltberühmter
internationaler Autobergrennen. Die damals noch kiesige 21,5 km lange
Rennstrecke zwischen Linthal und Klausenpass zählte zu den schwierigsten
ihrer Art. Legendäre Rennfahrer wie Hans Struck oder Graf Chiron duellier-
ten sich hier oben. Dann kehrte Ruhe ein. Doch der Mythos "Klausenrennen"
lebte weiter und ein gutes halbes Jahrhundert später wurde das "Internatio-
nale Klausenrennen Memorial" aus der Taufe gehoben. Neben Oldtimern von
Bugatti, Maserati oder Mercedes waren auch Motorräder dabei. Im Septem-
ber 2006 war es wieder einmal so weit. Auch wenn man nicht gerade zur
Zeit der Klausenrennen zum Pass wandert, lässt einen der Lärm der hinauf-
donnernden Motorräder den Flair der ehemaligen Autorennen ahnen.

Um zum Hotel "Klausenpasshöhe" zu gelangen, folgen Sie der Passstraße
noch ca. 1 km leicht bergab (⌛ 6 Std. 15 Min.).

Im Jahr 2002 feierte das altehrwürdige Hotel "Klausenpasshöhe" seinen
100-jährigen Geburtstag. Seinerzeit zeichnete der Schwyzer Bauunterneh-
mer Joseph Blaser, der auch das Tellspielhaus in Altdorf entworfen hat, für
die Baupläne verantwortlich. Man kommt nicht umhin, ihm zuzugestehen,

dass ihm sein Werk gelungen ist. Bereits von Anfang an war ein Telefon vorhanden, während man auf den Stromanschluss bis 1960 warten musste. Bis dahin flackerten Karbidlampen in der Gaststube und in den Zimmern brannten Kerzen. In die heutige Zeit hat sich etwas von diesem alten Flair hinübergerettet: In den nostalgischen Zimmern mit den rustikalen Möbeln gibt es kein fließendes Wasser. Eine stets mit Wasser gefüllte Kanne sorgt hier für Abhilfe.

Etappe 5: Klausenpass - Attinghausen

⏳ 5 Std., ⇧ 100 m

🚌   Attinghausen ⇨ Altdorf

🚋   Attinghausen ⇨ Luzern

✕   Urigen, Spiringen, Bürglen, Schattdorf

🛏   Gasthaus Krone, 6468 Attinghausen, Freiherrenstr. 16,

        ☎ 0041/418701055, FAX 0041/418702555, 🖥 www.kronehotel.ch,

        Bemerkung: ruhiges, preiswertes Hotel, DZF CHF 80 bis 120

♦   Verkehrsverein Attinghausen-Brüsti, ☎ 0041/870/1055,

        🖥 www.attinghausen.ch

📖   Kümmerly + Frey Karte 11 1:60.000 Vierwaldstättersee

Folgen Sie vom Hotel zunächst der nach unten führenden Passstraße, um in der bald folgenden Linkskurve nach rechts auf einen Fahrweg in Richtung

"Ratzi" abzubiegen. Die Markierung ist ein <u>weiß-rot-weißes Rechteck</u>. Lassen
Sie später den Pfad nach rechts in Richtung "Ruosalper Chulm" abgehen und
wandern Sie weiter geradeaus auf einem aussichtsreichen Höhenweg mit
Ausblicken in das Schächen- und später in das Brunnital. Darüber thronen
die Gipfel des Clariden, des Chammlibergs, des Schärhorns und des Ruchen.
Zur Rechten ragen die Felstürme der Schächentaler Windgällen auf. Auch bei
der Alp Heidmanegg lassen Sie den Pfad nach rechts hoch zur "Ruosalper
Chulm" abgehen und halten sich geradeaus weiter, um auf dem nun folgenden Pfad in Richtung "Ratzi" abzusteigen. Später folgen Sie nicht dem nach
rechts hochgehenden Steig in Richtung "Ratzi, Rietlig", sondern dem nach
unten führenden Pfad mit der bisherigen Markierung. Wenn dieser ins Freie
führt, schauen Sie hinunter ins Brunnital, an dessen Ausgang Unterschächen
liegt. Von dem folgenden Asphaltsträßchen biegen Sie später in einer Linkskurve nach links hinunter in Richtung "Urigen, Unterschächen, Spiringen" ab.
Über Wege und Wiesen gelangen Sie schließlich nach Urigen (✖ 🡒
⧖ 1 Std. 55 Min.).

*Das "Hotel Posthaus", das in Urigen zur Einkehr einlädt, war früher Pfer-
dewechselstelle der Post auf dem Weg zum Klausenpass. Im Hotel wurde ein
Eidgenössisches Postbüro betrieben. Im Jahr 1922 wurde die Romantik der
Postkutschen durch den Einsatz der Postbusse abgelöst.*

Steigen Sie nun in Richtung "Getschwiller, Spiringen" nach rechts ab. Weiter unten ist Vorsicht geboten: Sie zweigen von dem breiten Fahrweg nach
links hinunter auf einen schmaleren Weg ab, wobei zunächst keine Markierungen zu sehen sind. Erst später taucht eine Markierung auf, aber dann sind
Sie fast schon in Spiringen (✖ 🡒 ⧖ 2 Std. 35 Min.).

*Einkehren können Sie beispielsweise im Gasthaus "Alte Post". Vielleicht
erzählen Ihnen die Wirtsleute die Geschichte des 87-jährigen Engländers,
der hier durchgekommen ist und in der "Alten Post" übernachtet hat. Er ist
in der umgekehrten Richtung gewandert, d.h. er ist vom Genfer See gekom-
men und war in Richtung Klausenpass unterwegs. Begleitet wurde er von ein
paar Finken aus seiner Heimat, die während der Wanderung auf seinem Rucksack Platz fanden. 3 km pro Stunde war die Leistung des rüstigen Engländers.*

Nachlesen lässt sich die Geschichte in einem Zeitungsausschnitt, der von den Wirtsleuten der "Alten Post" aufbewahrt wird.

Am alten Primarschulhaus in der Dorfmitte, einem beachtlichen Holzbau, zeigt Ihnen ein Wegweiser die weitere Richtung an: "Witerschwanden, Bürglen, Altdorf". Im erstgenannten Dorf stoßen Sie wieder auf die Klausenpassstraße, der Sie nun bis hinter Trudelingen folgen, um von dort nach Sigmaning aufzusteigen. Wieder links hinunter überqueren Sie auf einer alten Römerbrücke den Schächen und folgen nach rechts wieder der Klausenpassstraße.

Später zweigen Sie vor einer Rechtskurve von der Passstraße nach links in Richtung "Gosmergasse, Bürglen" ab; die Markierung ist eine gelbe Raute. Bald stoßen Sie auf eine Straße, der Sie nach rechts hinunter nach Bürglen folgen (✕ ⇤ ⧖ 3 Std. 55 Min.).

Das turmbewehrte Bürglen ist sehr alt. Erstmalig wurde der Ort im Jahr 857 unter dem Namen Burgilla urkundlich erwähnt. Die barocke Kirche wurde 1684 erbaut, der romanische Turm stammt aus dem 13. Jahrhundert. Bürglen gilt als Heimat- und Geburtsort des schweizerischen Freiheitshelden Wilhelm Tell. Demzufolge gibt es im alten Wattigwilerturm ein sehenswertes Tellmuseum. Dort werden umfangreiche Sammlungen von Dokumenten und Gegenständen historischer und künstlerischer Art aus sechs Jahrhunderten über Wilhelm Tell gezeigt.

Wilhelm Tell-Denkmal in Bürglen

Von der Kirche von Bürglen führt ein markierter Weg ins benachbarte Altdorf. Dort können Sie beispielsweise als Alternative zu Attinghausen übernachten.

*Altdorf, der Hauptort des Kantons Uri, liegt in der Talebene der Reuss,
etwas oberhalb ihrer Mündung in den Urnersee. Prähistorische Funde weisen
auf eine frühe Besiedlung hin. Das Dorfbild zeichnet sich durch stattliche
Herrenhäuser aus dem 17. und 18. Jahrhundert aus. Laut Friedrich Schiller
ist Altdorf der Schauplatz des berühmten "Apfelschusses" von Wilhelm Tell.
Das Ereignis soll sich auf dem Altdorfer Marktplatz zugetragen haben, wes-
wegen 1895 am Fuß eines alten Turms das inzwischen weltweit bekannte
Telldenkmal errichtet wurde.*

Südlich der Kirche bzw. des Friedhofs finden Sie einen von zwei Wegweisern, der Sie in Richtung "Schattdorf, Felderweg" schickt. Nicht über Felder,
sondern über Wiesen kommen Sie nach Schattdorf, wo Sie sich nach rechts
zur Dorfmitte halten (✕ ⌛ 4 Std. 20 Min.). Dann gehen Sie geradeaus weiter, entlang der Dorfbachstraße, die Sie bis zur Adlergartenstraße mitnimmt,
welcher Sie nach rechts folgen. Nach Überqueren der Durchgangsstraße
bringt Sie die Rütistraße in Richtung "Attinghausen" weiter. Nach einer
Schranke zweigen Sie kurzzeitig nach links ab, dann nach rechts in die
Umfahrungsstraße. Danach biegen Sie nochmals nach rechts ab, folgen kurzzeitig den Eisenbahngleisen, unterqueren diese nach links und halten sich
wieder nach rechts parallel zwischen Eisenbahn und Autobahn. Auch diese
wird nach links unterquert und bald finden Sie sich am Ufer der Reuss wieder. In diese mündet hier der Schächen. Nach Überqueren der Reuss sind
Sie in Attinghausen (⌛ 5 Std.).

*Flurnamen wie Palanggen, Chulm oder Tschingel deuten auf eine keltoro-
manische Besiedlung der Gegend von Attinghausen hin. Vom 7. bis zum
9. Jh.n.Chr. ließen sich in der Region die Alemannen nieder. Atto, einer ihrer
Anführer, ließ hier Häuser bauen, worauf sich das Dorf Attinghausen entwickelte. Im 13. Jh. siedelten sich die Freiherren von Schweinsberg an, nicht
zuletzt, um den zunehmend bedeutender werdenden Gotthardpass zu über-
wachen und zu beherrschen. Sie bauten in Attinghausen auf einer Felskuppe
eine Burg und benannten sich um in "von Attinghausen". Das Feudalge-
schlecht spielte bei der Entstehung der Eidgenossenschaft eine herausragen-
de Rolle, wurde aber den anderen Adelsfamilien durch seine politische und
wirtschaftliche Machtfülle zu stark, welche die Macht derer von Attinghausen*

zu mindern suchten. Dies und das ungeklärte Verschwinden des Stammhalters Johann von Attinghausen - vermutlich in Folge eines Aufruhrs - führte Mitte des 14. Jahrhunderts dazu, dass das Geschlecht derer von Attinghausen in die politische Bedeutungslosigkeit fiel. Die imposante Burg verfiel zur Ruine. Im Spätmittelalter breitete sich das Gemeindegebiet von Attinghausen zunehmend aus, nicht zuletzt auf Kosten des Klosters Engelberg jenseits des Surenenpasses.

Auch heute noch ist die traditionelle Erwerbsquelle der Attinghauser die Landwirtschaft. Die hiesigen Bauern genießen als Viehzüchter weit über die Kantonsgrenzen hinaus einen hervorragenden Ruf. Was die Sehenswürdigkeiten von Attinghausen angeht, sind zu nennen: die Burgruine, der Wohnturm Schweinsberg, die Pfarrkirche, das Brückenhaus sowie die Kapellen St. Onofrio und St. Wendelin auf Waldnacht.

Etappe 6: Attinghausen - Blackenalp

⧗ 6 Std. 15 Min., ⇧ 1.850 m

✕   Z'Graggen

⇥   Blackenalp, ☎ 0041/79/6423805, 🖥 www.engelberg.ch

📖   Kümmerly + Frey Karte 11 1:60.000 Vierwaldstättersee

An der Reussbrücke, auch Attinghauser Brücke genannt, finden Sie einen Wegweiser, der Sie in Richtung "Surenenpass" die Burgstraße geradeaus hinaufschickt. In einer Linkskurve biegen Sie nach rechts in die Chummetstraße ein und steigen mit der Markierung <u>weiß-rot-weiße Raute</u> an der unteren Seilbahnstation vorbei stets entlang dem Chummetbach hinauf zur mittleren Seilbahnstation. Sie queren nach links und steigen weiter bergauf, wobei der Weg zunehmend steiler wird. Weiter oben wird die Anstrengung des Aufstiegs entschädigt durch eine umfassende Aussicht auf das Schächental, das Reusstal und den Urnersee sowie auf die darüberliegenden Gipfel. Am Höchiberg wenden Sie sich dann nach rechts in Richtung "Brüsti, Surenenpass, Engelberg". Vom bis auf Weiteres geschlossenen Berggasthaus "Brüsti" an der oberen Seilbahnstation steigen Sie weiter auf in Richtung "Surenenpass,

Engelberg". Unterwegs haben Sie Aussicht auf Gross Windgällen und Ober-
alpstock. Rast machen können Sie im bald darauf folgenden Berggasthaus
"Z'Graggen" (✕ ⇌ ⧗ 2 Std. 50 Min.).

*Brüsti ist ein beliebtes Ausflugsziel und Erholungsgebiet oberhalb von
Attinghausen. Gasthäuser und eine Familienfeuerstelle auf dem Nossenboden
laden zum Verweilen ein. Im Jahr 2004 wurde hier oben ein sogenannter Evo-
lutionspfad eröffnet, ein 1 km langer Rundwanderweg, auf welchem man
anhand von Informationstafeln und Erlebnisposten die Erdgeschichte von der
Entstehung des Sonnensystems bis heute entdecken kann.*

Blick vom Surenenpass auf den Oberen Schatzboden

Nach einem weiteren Aufstieg schließt sich eine aussichtsreiche Gratwan-
derung an. Hinter dem Angistock durchqueren Sie eine weite Geröllhalde,
dann überqueren Sie ein Schneefeld und schließlich steigen Sie auf zum
Surenenpass (⧗ 5 Std. 20 Min.).

*Die Aussicht ist grandios. Auf der Urner Seite ragen die schneebedeck-
ten Gipfel von Glärnisch, Claridenstock, Gross Windgällen und Tödi empor,*

auf der anderen Pass-
seite dominiert der
ebenfalls schneebe-
deckte Gipfel des Titlis.
Jenseits des Passes
reicht der Kanton Uri
bis zum Talboden, wo
der Kanton Obwalden
beginnt, obwohl aus
geografischer Sicht zu
erwarten wäre, dass die
Kantonsgrenze am Pass
verliefe. Dass dem so
ist, versucht eine Sage -
ähnlich wie im Fall des
Urnerbodens - zu erklä-
ren.

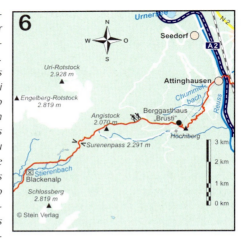

Als die Alp jenseits des Passes, die Alp Surenen, vor Hunderten von Jahren noch zu Engelberg gehörte, hütete dort ein Knabe seine Schafe. Als ihm
eines Tages eine Herde aus südlichen Gefilden entgegenkam, gefielen ihm
diese Schafe ungemein mehr als die seinigen, und er bat die fremden Hirten
um ein junges Lamm, welches er schließlich erhielt. Dieses Lamm vergötter-
te er so sehr, dass er es schließlich taufte. Aber diesen Frevel sollte er
sogleich büßen, denn das Lamm verwandelte sich sofort in ein grauenhaftes
Ungeheuer, welches den Hirtenbuben wegen der Sakramentsschändung ver-
nichtete und in einem furchtbaren Unwetter seine Hütte zerschmetterte. Das
Greiss, wie das Untier genannt wurde, verschlang alles, was ihm in die Quere
kam. Daraufhin verkauften die Engelberger die Alp für wenig Geld an die
Urner.

Aber damit ist die Geschichte noch nicht zu Ende. Um das hinzugewon-
nene Gebiet von dem Greiss zu befreien, mussten in einer Entscheidungs-
schlacht noch ein Stier und eine Jungfrau geopfert werden. Nach dem Ende
dieser Schlacht, die dem Greiss den Tod brachte, war von der Jungfrau nichts
mehr zu sehen und der Stier lag tot im Bach, wohl weil er nach der Hitze des

Kampfes zu gierig aus demselben getrunken hatte. Seither trägt das Gewässer den Namen Stierenbach. Den Stier selbst findet man wieder als Wappentier des Kantons Uri.

Dann steigen Sie ab in Richtung "Blackenalp". Weiter unten mäandert der Stierenbach durch sattgrüne Weiden. Von Weitem sehen Sie schon im Talgrund eine Bergkapelle, vor der die Blackenalp liegt, welche Sie bald erreichen (⏳ 6 Std. 15 Min.).

Die von Juni bis September geöffnete Blackenalp bietet Touristenlager mit Frühstück sowie kleinere Mahlzeiten an. Zur Blackenalp gehört eine Weidefläche von 640 ha, auf der hauptsächlich Rinder weiden. Umringt ist die Alp von großartigen Bergen, wie dem Schlossberg im Südosten und dem Wissigstock im Nordwesten. Erwähnenswert ist auch die Tatsache, dass man nicht fern von hier römische Münzen gefunden hat, was darauf hinweist, dass die Passroute schon in sehr frühen Zeiten begangen wurde.

Etappe 7: Blackenalp - Jochpass   ⏳ 6 Std., ⇧ 1.200 m

✗   Stäfelialp, Alpenrösli, Engelberg, Gerschnialp, Alpstübli

🛏   Jochpass, ☎ 0041/41/6373533, 💻 www.jochpass.ch

📖   Kümmerly + Frey Karte 11 1:60.000 Vierwaldstättersee

Verlassen Sie die Blackenalp in Richtung "Alpenrösli, Engelberg" auf einem Pfad, der Sie zu einem Fahrweg bringt, welcher über Alpweiden mehr oder weniger dem Stierenbach entlang talabwärts führt. Letzteren überqueren Sie und steigen beim nächsten Wegweiser nach links ab in Richtung "Stäfeli, Alpenrösli, Engelberg". Vorbei an der Stäfelialp (✗ 🛏 ⏳ 55 Min.), von der Sie auf die imposante Westwand des Schlossbergs mit seinen unzähligen Wasserfällen schauen, gelangen Sie zum Gasthaus Alpenrösli, wonach Sie vom Kanton Uri in den Kanton Obwalden wechseln. Ein angenehmes Sträßchen führt nun durch schattigen Bergwald zur Seilbahnstation Engelberg-Fürenalp. Folgen Sie weiterhin der asphaltierten Straße und lassen Sie den Weg nach rechts in Richtung "Engelberg" ebenso abgehen, wie die zwei Wege

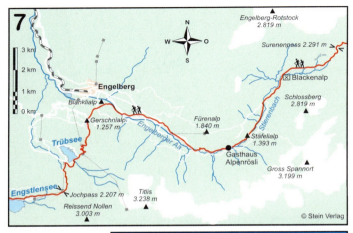

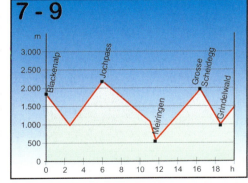

nach links in Richtung "Eienwäldli" und "Wanderweg Wasserfall". Unmittelbar nach zwei Gasthäusern kurz vor Engelberg (⌛ 2 Std. 20 Min.) zweigen Sie nach links über den Bach - die Engelberger Aa - ab und wandern in Richtung "Professorenweg, Blänklialp, Engelberg-Dorf" den Bach entlang. Der Professorenweg bringt Sie zur nächsten Brücke, von der Sie nach rechts einen Abstecher nach Engelberg machen können (✗ 🛏 ⌛ 2 Std. 30 Min.).

Engelberg ist ein weltbekannter Sommer- und Winterkurort. Er bietet ein ausgedehntes Netz von Wanderwegen, diverse Sportmöglichkeiten, Kurkonzerte und vieles andere. Seine Geschichte reicht weit zurück. Schon zur Zeit

Christi wurde auf einzelnen, über dem Talgrund gelegenen Alpweiden Vieh-
zucht betrieben. Der Talboden selbst wurde erst viel später gerodet und
genutzt. Im 12. Jh.wurde das Kloster Engelberg erbaut und eingeweiht. Trotz
mehrfacher Brände wurde es ohne Unterbrechung bis heute weitergeführt.
Eine bedeutende Bibliothek und ein reicher Kirchenschatz zeichnen es aus.
Was den Namen Engelberg angeht, so ist er auf eine Legende zurückzufüh-
ren, wonach Engelsstimmen von der Höhe des Berges Hahnen die Gründung
des Klosters veranlassten. Zur Zeit der Französischen Revolution verzichte-
te das Kloster auf Besitzrechte über das Engelberger Tal, welches sich 1815
dem Kanton Obwalden anschloss. Mitte des 19. Jahrhunderts wurden in
Engelberg die ersten Hotels gebaut und der Tourismus setzte ein, der im 20.
Jahrhundert zum bestimmenden Wirtschaftsfaktor wurde.

Ansonsten steigen Sie nach links den Pfad hoch in Richtung "Gerschnialp". Nachdem der Weg zur "Blänklialp" nach rechts abgegangen ist, nehmen
Sie bei der nächsten Weggabelung die linke Variante steil bergauf. Die Markierung, das <u>weiß-rot-weiße Rechteck</u>, folgt später, ebenso ein Wegweiser in
Richtung "Gerschnialp, Trübsee, Jochpass". Nach dem Austritt aus dem Wald
sehen Sie vor sich oben auf dem Berghang Hotel und Seilbahnstation vom
Trübsee. Über eine Weide gelangen Sie bald zur Gerschnialp (✕ ⇌
⌛ 3 Std. 10 Min.). In Richtung "Trübsee, Jochpass, Engstlenalp" überschreiten Sie zunächst den Kamm einer Moräne, um dann noch steiler in Serpentinen zum Trübsee hinaufzusteigen (⌛ 4 Std. 35 Min.). Das Hotel ist bis auf
Weiteres geschlossen. Bis zum Jochpass wandern Sie nun durch den Kanton
Nidwalden. Sie halten sich nach rechts in Richtung "Alpstübli, Jochpass,
Engstlenalp" und folgen dem zur Talstation der Jochpass-Sesselbahn führenden Ufersträßchen. Links oben thront der eisgepanzerte Titlis. Vom Alpstübli
(✕ ⌛ 4 Std. 50 Min.) steigen Sie in Richtung "Jochpass, Engstlenalp" im
Zickzack mehr oder weniger unterhalb der Sesselbahn hinauf zum Jochpass
(⌛ 6 Std.).

Der Jochpass verbindet die Kantone Obwalden bzw. Nidwalden und Bern
sowie die Orte Engelberg und Engstlenalp. Von hier oben genießt man bei
schönem Wetter eine großartige Aussicht auf den nahe gelegenen Titlis, den
Reissend Nollen und auf die Wendenstöcke. In der Ferne grüßen die Berner

Alpen. Die ältere Kartografie bezeichnete den Pass noch mit Uf Ioch oder Uf Engstlen. Für das Kloster Engelberg war er im Hochmittelalter insofern von Bedeutung, als dieses Besitzungen und Rechte in Meiringen und Brienz besaß und eine Verbindung dorthin benötigte. Klosterbesucher und Fußreisende frequentierten den Pass am häufigsten. Heute wird der beschwerliche Aufstieg durch einen Besuch in dem gemütlichen "Berghaus Jochpass" belohnt.

Etappe 8: Jochpass - Meiringen

⏳ 5 Std. 40 Min., ⇧ 100 m

🚌   Meiringen ⇨ Interlaken

✕   Engstlenalp

🛏   Tourist Information Meiringen-Haslital, ☏ 0041/33/9725050,

       🖥 www.alpenregion.ch

📖   Kümmerly + Frey Karte 18 1:60.000 Jungfrau-Region, Oberhasli

Von der Passhöhe schauen Sie noch einmal hinauf zu den Gletschern des Titlis und auf die Gipfel des Reissend Nollen und die der Wendenstöcke.

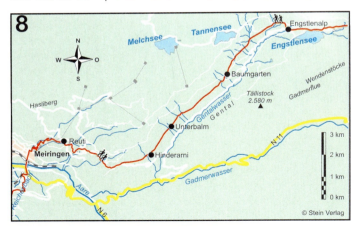

Dann steigen Sie hinab zur Engstlenalp. Ein Wegweiser zwischen den beiden oberen Seilbahnstationen schickt Sie dorthin. Nach ein paar Schritten nehmen Sie bei der kommenden Weggabelung die linke Variante in Richtung "Engstlenalp, Meiringen". Unten angekommen schlendern Sie zunächst am Ufer des idyllischen Engstlensees entlang und gehen dann zu der nahe gelegenen Engstlenalp (✕ ⇌ ⧗ 1 Std.).

Der Baustil des im 19. Jahrhundert errichteten Berghotels erinnert noch heute an die Zeit, als man hier mit Maultieren vorbeizog oder Rast machte. Die Engstlenalp war schon seit alters her Ausgangspunkt für Wanderungen und Bergtouren. Noch heute ist sie ein wichtiger Standort für die Berglandwirtschaft. Jährlich treiben die Talbauern 400 Stück Vieh auf die Alp. Der tiefblaue und von Alpenrosen umrahmte Engstlensee macht die Bergidylle vollkommen. Illustre Besucher hier oben waren Goethe, Einstein, Tyndall und C.F. Meyer.

Vor dem Hotel "Engstlenalp" schickt Sie ein Wegweiser in Richtung "Baumgartenalp, Hasliberg, Reuti", d.h. Sie zweigen nach rechts auf ein klei-

Untere Seilbahnstation in Engstlenalp

nes Sträßchen ab, von dem Sie bald wieder nach links auf einen Wanderweg abbiegen. Sie streifen die uralten Holzhäuser des Geissplatzes und nehmen bei einer späteren Weggabelung die linke Variante in Richtung "Baumgartenalp, Hasliberg/Reuti". Auf der anderen Seite des Gentals ragen die dolomitenähnlichen Kalkklötze der Gadmerflue und des Tällistocks empor. Nach der Baumgartenalp geht es in einer Linkskurve des hinabführenden Fahrwegs nach rechts ab in Richtung "Unterbalm, Hinderarni, Hasliberg/Reuti". Ein luftiger und aussichtsreicher Hangweg bringt Sie an den beiden erstgenannten Almen vorbei und wird später zu einem asphaltiertes Sträßchen, von dem Sie ins Tal der Aare und danach auf den Brienzer See schauen. Schließlich steigen Sie in den Kurort Reuti ab (✕ ⇌ ⧖ 4 Std. 50 Min.).

Reuti gehört zur Gemeinde Hasliberg. Das Gemeindegebiet reicht vom Brünigpass bis zur Engstlenalp. Der Name Hasliberg leitet sich von "hasli" ab, der althochdeutschen Bezeichnung für Haselsträucher.

An der Post steigen Sie in Richtung "Meiringen 1 Std." ab, d.h. Sie verlassen den Ort zunächst auf einem Sträßchen, dann auf einem Weg, welcher Sie in Serpentinen nach Meiringen bringt (⧖ 5 Std. 40 Min.).

Meiringen ist nicht nur die wichtigste Ortschaft im Oberhasli, sondern auch ein beliebter Ferienort. Umrahmt von grünen Vorbergen und überragt von hohen Gipfeln liegt es in der breiten Ebene des Aaretals. Der Name Meiringen wurde erstmals 1201 erwähnt, insofern von einem Petrus de Megeringen die Rede ist. Der Name selbst kann nicht genau belegt werden, lässt sich aber wahrscheinlich von dem althochdeutschen Personennamen Megiher ableiten. Dank seiner Lage war und ist Meiringen für die wichtigen Passstraßen Grimsel, Susten und Brünig sowie für die Übergänge Scheidegg und Jochpass ein wichtiger Ausgangs- bzw. Endpunkt.

Bekannt ist Meiringen weiterhin für die nahe gelegene Aareschlucht sowie für die Reichenbach-Fälle. In Letztere ließ Sir Arthur Conan Doyle seine Romanfigur Sherlock Holmes hinabstürzen, woran eine diesbezügliche Gedenktafel erinnert. Zudem gibt es unterhalb der englischen Kirche ein Sherlock-Holmes-Museum. Weiterhin organisiert die Sherlock Holmes Society of

London regelmäßig Reisen nach Meiringen, bei denen die Teilnehmer in
historischen Kostümen die Abenteuer des Detektivs nachspielen.

Etappe 9: Meiringen - Grindelwald

⏳ 6 Std. 50 Min., ⇧ 1.350 m

🚐   Grindelwald ⇨ Interlaken

✕   Zwirgi, Kaltenbrunnen, Rosenlaui, Schwarzwaldalp, Grosse Scheidegg

🛏   Hotel Alte Post, 3818 Grindelwald, ☎ 0041/338534242,

FAX 0041/338534288, www.altepost-grindelwald.ch,

Bemerkung: bürgerliches Hotel, DZF CHF 130 bis 260 (je nach Saison und

Zimmerkategorie)

◆   Grindelwald Tourismus, ☎ 0041/33/8541212, 🖥 www.grindelwald.com

📖   Kümmerly + Frey Karte 18 1:60.000 Jungfrau-Region, Oberhasli

Folgen Sie der Durchgangsstraße, deren Name von "Rudenz" in "Alpbach-
straße" übergeht, in Richtung Aarebrücke. In einer Rechtskurve schickt Sie
ein Wegweiser in Richtung "Rosenlaui, Schwarzwaldalp". Nach dem Überqueren der Aare folgen Sie der Durchgangsstraße noch eine Weile, bis Sie nach
rechts in Richtung "Grosse Scheidegg" abbiegen. Die Markierung ist eine
gelbe Raute. Vorbei an alten Oberhasli-Holzhäusern steigen Sie auf; den Rei-
chenbach-Wasserfall hören Sie rauschen, aber Sie sehen ihn kaum. Teils über
Pfade, alte Saumwege und das den Berg hinaufführende Sträßchen gelangen
Sie zum Gasthaus Zwirgi (✕ ⏳ 1 Std. 5 Min.).

Nun geht es in ähnlicher Weise das Reichenbachtal hinauf zum Gasthaus
Kaltenbrunnen (✕ 🛏 ⏳ 1 Std. 45 Min.) und von da zunächst am wilden,
dann am gezähmten Reichenbach hinauf zum Hotel Rosenlaui (✕ 🛏
⏳ 2 Std. 35 Min.).

Zu dem ausgesprochen geschmackvollen äußeren Erscheinungsbild des
Hotels Rosenlaui passt auch das Innere des über 200 Jahre alten Gebäudes.
Großzügige Gesellschaftsräume bieten Bücher, Zeitungen, Spiele und viel
Raum für Geselligkeit. Allerdings gibt es in den Zimmern kein fließendes

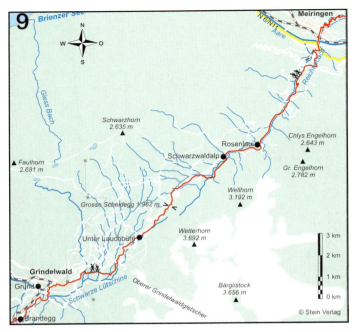

Wasser, kein Radio, kein Fernsehen und keinen Internetanschluss. Einen Lift wird man hier vergebens suchen. Die Zeit scheint hier stehen geblieben zu sein. In den nostalgischen Salons freut man sich abends auf das viergängige Menü in stimmungsvollem Rahmen. Das Nachtleben im Rosenlaui besteht vor allem aus einem schönen Sternenhimmel.

Inzwischen hat sich das enge Tal zu einem breiten Talboden geweitet, über dem die Zacken der Engelhörner und die Felsbastionen von Well- und Wetterhorn emporragen. Größtenteils am Bach entlang geht es nun zur Schwarzwaldalp (✗ 🥾 ⏳ 3 Std. 15 Min.). Eher selten taucht danach als Markierung das weiß-rot-weiße Rechteck auf. Nach der Alm Alpiglen wird der Wald spärlicher und über Abkürzungen gelangen Sie schließlich zur Grossen Scheidegg (✗ 🥾 ⏳ 5 Std.).

Die Aussicht hier oben ist grandios, u.a. geht sie hinunter zum Talkessel von Grindelwald, hinauf zu den schneebedeckten Gipfeln der Drei- und Viertausender und hinüber zur Kleinen Scheidegg. Im Vergleich zur dieser ist die Grosse Scheidegg um 99 m niedriger. Das "Gross" im Namen bezieht sich auf die früher größere Bedeutung des Passes, da für Grindelwald der Übergang nach Meiringen wichtiger war als der nach Lauterbrunnen.

Grosse Scheidegg

Steigen Sie nun ab in Richtung "Unter Lauchbühl, Hotel Wetterhorn, Grindelwald". Über Pfad und Straße geht es zügig bergab mit großartigen Aussichten auf Eiger und Mönch sowie auf die dahinterliegenden Viertausender. Beim Ferienheim Lauchbühl durchqueren Sie das Anwesen und bleiben nicht auf der Straße. Werfen Sie später noch einen Blick auf den Oberen Grindelwaldgletscher, über dem Schreckhorn und Lauteraarhorn thronen. Nach dem Hotel Wetterhorn tauchen Sie in Wald ab, überqueren noch zweimal einen Bach und sind dann bald in Grindelwald (⧗ 6 Std. 50 Min.).

Grindelwald liegt im Talkessel der Schwarzen Lütschine unterhalb der steil aufragenden Bergriesen Eiger, Wetterhorn, Fiescherwand und Faulhorn.

Die tief hinunterreichenden Gletscherzungen von Oberem und Unterem Grindelwaldgletscher sind einzigartig und haben Grindelwald den Beinamen "Gletscherdorf" eingebracht. Der weltbekannte Sommer- und Winterkurort ist durch mehrere Bahnen und Straßen gut erschlossen und bietet einen idealen Ausgangspunkt für viele Wanderungen und Hochtouren.

Etappe 10: Grindelwald - Lauterbrunnen

⏳ 5 Std. 45 Min., ⇧ 1.100 m

🚆 Lauterbrunnen ⇨ Interlaken

✕ Brandegg, Alpiglen, Kleine Scheidegg, Wengernalp, Wengen

🗪 Lauterbrunnen Tourist Information, ☎ 0041/33/8568568,
💻 www.wengen-muerren.ch

📖 Kümmerly + Frey Karte 18 1:60.000 Jungfrau-Region, Oberhasli

Schräg gegenüber dem Bahnhof schickt Sie ein Wegweiser in Richtung "Kleine Scheidegg" ein Sträßchen hinunter nach Grindelwald-Grund. Vor Ihnen ragt der Eiger mit seiner Nordwand auf. Nach dem Überschreiten der Schwarzen Lütschine geht es auf Straße und Weg mit der Markierung <u>gelbe Raute</u> wieder bergauf. Sie streifen Brandegg (✕ ⏳ 1 Std. 10 Min.) und

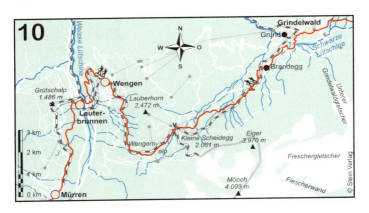

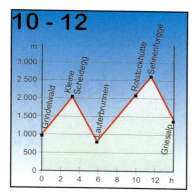

Alpiglen (✕ ⇌ ⧖ 1 Std. 50 Min.). Der weitere Aufstieg, auf dem Sie in die mächtige Nordwand des Eigers schauen, bringt Sie zur Kleinen Scheidegg (✕ ⇌ ⧖ 3 Std. 20 Min.).

Die Kleine Scheidegg ist der Pass zwischen Eiger und Lauberhorn. Letzteres kennt man vom Winter-sport. Auf der Kleinen Scheidegg ist immer Hochbetrieb. Aus dem Tal bringt die Wengernalpbahn Touris-ten von Lauterbrunnen oder von Grindelwald herauf. Die Jungfraubahn fährt durch Eiger und Mönch hinauf zum Jungfraujoch. In Lokalen ist für Verkösti-gung gesorgt und wer länger bleiben will, kann im Hotel übernachten.

Nach dem Überschreiten der Bahngleise folgen Sie dem nach rechts zei-genden Wegweiser in Richtung "Wengernalp, Wengen" und folgen einem angenehmen Alpweg nach unten entlang der Bahngleise. Auf der anderen Seite des Trümmeltals haben Sie grandiose Einblicke in die Gletscherwelt von Eiger und Jungfrau. Von der später folgenden Wengernalp (✕ ⧖ 3 Std. 50 Min.) erblicken Sie die Gipfel von Tschingelhorn und Gspaltenhorn. Über Weiden und durch Nadelwälder gelangen Sie schließlich nach Wengen (✕ ⇌ ⧖ 4 Std. 45 Min.), von wo Sie nach Lauterbrunnen absteigen (⧖ 5 Std. 45 Min.).

Lauterbrunnen liegt im Tal der Weissen Lütschine. Der kleine Ort ist seit 1528 eine eigene Kirchgemeinde. Der Name Lauterbrunnen leitet sich von "lauter" ab, was so viel heißt wie klar und hell. Von der linken Flanke des Tals fällt der schon von Weitem sichtbare Staubbachfall, ein 300 m hoher Was-serfall, auf den Talboden. Nicht zuletzt wegen der regelmäßig auftretenden Thermik wird das Wasser in alle Richtungen zerstäubt, was dem Wasserfall seinen Namen gegeben hat. Von ihm wurde schon Johann Wolfgang von Goethe inspiriert, welcher hier weilte und seinen "Gesang der Geister über

den Wassern" verfasste. Da dies stets erwähnt wird, aber nur die wenigsten
dieses Gedicht kennen, soll dem hier abgeholfen werden:

Gesang der Geister über den Wassern

Des Menschen Seele
Gleicht dem Wasser:
Vom Himmel kommt es,
Zum Himmel steigt es,
Und wieder nieder
Zur Erde muss es,
Ewig wechselnd.

Strömt von der hohen,
Steilen Felswand
Der reine Strahl,
Dann stäubt er lieblich
In Wolkenwellen
Zum glatten Fels,

Und leicht empfangen
Wallt er verschleiernd,
Leisrauschend
Zur Tiefe nieder.

Ragen Klippen
Dem Sturz entgegen,
Schäumt er unmutig
Stufenweise
Zum Abgrund.

Im flachen Bette
Schleicht er das Wiesental hin,
Und in dem glatten See
Weiden ihr Antlitz
Alle Gestirne.

Wind ist der Welle
Lieblicher Buhler;
Wind mischt vom Grund aus
Schäumende Wogen.

Seele des Menschen,
Wie gleichst du dem Wasser!
Schicksal des Menschen,
Wie gleichst du dem Wind!

Etappe 11: Lauterbrunnen - Rotstockhütte

⏳ 4 Std. 15 Min., ⇧ 1.200 m

✕   Mürren, Spielbodenalp

🛏   Rotstockhütte, ☎ 0041/33/8552464, 💻 www.rotstockhutte.ch

📖   Kümmerly + Frey Karte 18 1:60.000 Jungfrau-Region, Oberhasli

Die Tour beginnt am Bahnhof. Diesem gegenüber sind mehrere Wegweiser angebracht. Folgen Sie dem in Richtung "Mürren" die Straße hinauf, von der Sie dann nach rechts auf ein kleineres Sträßchen in Richtung "Mürren, Winteregg, Alpweg, Grütschalp" abbiegen und aufsteigen. Die Markierung, welche später folgt, ist ein <u>gelbes Rechteck</u> bzw. ein gelber Strich. Weiter oben lassen Sie den Weg zur Grütschalp nach rechts abgehen und steigen zunächst entlang dem Gryfenbach steil bergauf; ein Wegweiser folgt später. Die einzelnen Bäche, die anschließend überquert werden, sind durch Schilder bezeichnet, der prominenteste Bach folgt später, der Staubbach. Er gibt der bekanntesten Touristenattraktion von Lauterbrunnen seinen Namen, dem Staubbachfall. Von hier oben, nicht weit vom Staubbachhittli, wo Sie Rast machen können, stürzt das Wasser in die Tiefe. Wenn sich der Bergwald öffnet, wird der Blick nach oben frei auf Eiger, Mönch und Jungfrau.

Nachdem die Markierung in ein <u>weiß-rot-weißes Rechteck</u> bzw. in eine <u>weiß-rot-weiße Raute</u> übergegangen ist, überqueren Sie die Schmalspurbahn Grütschalp-Mürren und folgen dieser auf einem aussichtsreichen Weg bis

Mürren. Von zwei Wegvarianten am Ortseingang nehmen Sie die linke Variante in Richtung "Poganggen, Sefinenfurgge" und durchqueren das Dorfzentrum (✗ 🛏 ⧗ 2 Std. 15 Min.).

Der bekannte Sommer- und Winterkurort Mürren liegt 800 m über dem Lauterbrunnental auf einer mächtigen Bergterrasse. Von hier oben hat man eine großartige Aussicht auf Eiger, Mönch und Jungfrau. 1.650 m über dem Meeresspiegel gelegen, gilt Mürren als das höchstgelegene, ganzjährig bewohnte Dorf im Kanton Bern. Das erste Gasthaus wurde 1857 gebaut. 1931 und 1935 war Mürren Austragungsort der alpinen Ski-Weltmeisterschaften. Heute weist der autofreie Ort 450 Einwohner und 2.000 Fremdenbetten auf. Bekannt ist das über Mürren aufragende Schilthorn mit seinem Drehrestaurant Piz Gloria, wo der Bond-Film "Im Geheimdienst Ihrer Majestät" gedreht wurde.

Die Berge Eiger, Mönch und Jungfrau

Dann verlassen Sie den Ort auf einem Asphaltsträßchen und gelangen nach erneutem Anstieg zur Spielbodenalp (✗ ⇆ ⏳ 3 Std.). Hier lohnt sich eine Rast, denn die Aussicht auf das Dreigestirn Eiger, Mönch und Jungfrau,

Die Rotstockhütte

sowie auf die daneben aufgereihten Fast-Viertausender ist großartig. Nun müssen Sie in Richtung "Sefinenfurgge, Griesalp" einen kurzen Schinder steil hinauf zum Bryndli, um von hier mit weniger Steigung über blumenreiche Bergweiden und Aussicht auf das Gspaltenhorn zur Rotstockhütte zu wandern (⏳ 4 Std. 15 Min.).

Die Rotstockhütte ist privat und gehört dem Skiclub Stechelberg. Sie ist von Anfang Juni bis Ende Oktober bewirtschaftet. Es werden 52 Betten angeboten. Die Verpflegung reicht vom einfachen Frühstück bis zur Vollpension. Was die Getränke angeht, gibt es sogar Bier vom Fass.

Etappe 12: Rotstockhütte - Griesalp ⏳ 4 Std., ⇧ 400 m

🚌   Griesalp ⇨ Kiental

✗   Bürgli, Golderli

⇆   Griesalp Hotelzentrum, ☎ 0041/33/6763131,
       💻 www.griesalp-hotelzentrum.ch

📖   Kümmerly + Frey Karte 18 1:60.000 Jungfrau-Region, Oberhasli

Ein in der Nähe der Rotstockhütte aufgestellter Wegweiser schickt Sie in Richtung "Sefinenfurgge, Griesalp" bergauf. Die Markierung ist ein <u>weiß-rot-</u>

weißes Rechteck. Zuletzt geht es ziemlich steil im Zickzack hinauf zum Pass (⌛ 1 Std. 40 Min.); doch die Plackerei lohnt sich, denn zu beiden Seiten ist die Aussicht grandios. So schauen Sie zurück, d.h. nach Osten, auf Eiger, Mönch und Jungfrau und im Westen sehen Sie schon den nächsten Pass, das Hohtürli. Am fixierten Seil und über hölzerne Stufen geht es anschließend steil über eine Schutthalde hinab. Nach der Alp "Obere Dürreberg" schauen Sie weit hinunter ins Kiental und hinüber zur Bundalp. Geradeaus weiter

bringt Sie ein Pfad hinunter auf einen Fahrweg, mit dem Sie die Alp "Bürgli" erreichen (✕ ⌛ 3 Std. 15 Min.). Von dem Fahrweg zweigen Sie dann auf einen Alpweg hinunter in den Wald ab, wo Sie an einer Weggabelung die linke Variante abgehen lassen und geradeaus nach "Steineberg, Golderli, Griesalp" weiterwandern. Der bisherige Fahrweg nimmt Sie bald wieder auf und bringt Sie durch Steineberg und vorbei an Golderli (✕ ⇌ ⌛ 3 Std. 50 Min.) zunächst etwas bergab und zum Schluss etwas bergauf zur Griesalp (⌛ 4 Std.).

Die Griesalp liegt am hinteren Ende des Kientals inmitten eines großartigen Naturschutzgebiets. Sie reicht hinauf bis zu dem von der Blüemlisalp und vom Gspaltenhorn hinuntergehenden Gamchigletscher. Das vom Gorneren-wasser durchflossene und von schneebedeckten Gipfeln umgebene Kiental gilt als eines der schönsten Alpentäler des Berner Oberlandes. Doch noch Ende des 19. Jh.s war das Tal kaum touristisch erschlossen, sodass geklagt wurde, "dass dem Touristen im ganzen Kiental kein einziges Hotel, ja nicht einmal ein Wirtshaus, zur Verfügung stehe ... nur Alpenkost und Nachtlager ...". Um die Jahrhundertwende sollte sich dies bald ändern. Die Griesalp-Besitzung wurde aufgekauft, eine Fahrstraße zur Griesalp wurde gebaut und die Zeit des "Grand Hotel Griesalp" begann.

Etappe 13: Griesalp - Kandersteg

⏳ 6 Std. 40 Min., ⇧ 1.400 m

🚐   Kandersteg ⇨ Bern, Interlaken

✕   Bundalp, Blüemlisalphütte, Oberbärgli, Oeschibärgli, Berghaus "Am
    Oeschinensee"

🛏   Hotel Erika, 3718 Kandersteg, ☎ 0041/336751137, FAX 0041/336751083,
    🖥 www.hotel-erika.ch,
    Bemerkung: preiswertes Hotel, DZ CHF 100 bis 120

◆   Kandersteg Tourismus, ☎ 0041/33/6758080, 🖥 www.kandersteg.ch

📖   Kümmerly + Frey Karte 18 1:60.000 Jungfrau-Region, Oberhasli

Einer der Wegweiser in Hotelnähe zeigt in Richtung "Bundalp, Hohtürli".
Dorthin steigen Sie auf einem Pfad, dann weniger steil nach links auf einem
Fahrweg und später wieder auf einem Pfad hinauf. Die Markierung ist
zunächst ein <u>gelbes Rechteck</u>, um weiter oben in ein <u>weiß-rot-weißes Recht-
eck</u> überzugehen. Durch Wald und weiter oben über Weiden steigen Sie, die
"Underi Bundalp" links liegen lassend, auf zur "Oberi Bundalp" (✕ 🛏
⏳ 1 Std. 15 Min.).

*Eine Rast auf der Oberen Bundalp empfiehlt sich, weil bald ein steiler Auf-
stieg bevorsteht und eine vorherige Stärkung kein Fehler sein kann. Diese
kann man entweder vor dem Berghaus auf der Veranda oder drinnen im
"Säli", d.h. in der Gaststube, zu sich nehmen. Die Spezialitäten des Hauses
werden aus Zutaten zubereitet, die zum größten Teil im eigenen Landwirt-
schaftsbetrieb produziert werden.*

Vom Berghaus geht es dann weiter in Richtung "Hohtürli, Blüemlisalphütte, Kandersteg", zunächst auf einem Fahrweg, dann nach rechts auf einem
steilen Pfad bergauf. Dieser ist ein wahrer Schinder, aber er bringt Sie zügig
voran. Über einen Moränengrat, dann über dunkle Schutthalden und schließlich entlang eines Felsbandes kommen Sie - zuletzt über Holzstufen - am
höchsten Pass der gesamten Alpenpassroute an, dem Hohtürli (⏳ 3 Std.
25 Min.). Erwartungsgemäß ist die Aussicht großartig. Im Osten reiht sich
noch einmal alles auf, was Rang und Namen hat, d.h. Wetterhorn, die Spit-

ze des Mönchs und der Gipfelaufbau der Jungfrau; im Westen reicht die Sicht bis zum vergletscherten Wildstrubel und bis zum Wildhorn. Unten im Tal breitet sich Kandersteg aus und darüber ist der nächste Pass der Tour zu erkennen, die Bunderchrinde. Die Belohnung für den steilen Aufstieg lässt nicht lange auf sich warten: Es ist die ca. 60 m höher liegende Blüemlisalphütte (✗ ⇌).

Die Hütte ist nicht nur groß und geräumig; hier gibt es auch Bier vom Fass, was auf niedriger liegenden Hütten nicht unbedingt eine Selbstverständlichkeit ist. Großartig ist auch die Aussicht auf den nahen Blüemlisalpgletscher sowie auf die ihn umgebenden eisgepanzerten Gipfel, wie die Wildi Frau, die Wyssi Frau und das Blüemlisalphorn. Unterhalb der Hütte gibt es einen gut ausgestatteten Klettergarten.

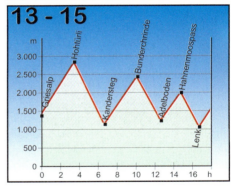

Während des Abstiegs in Richtung "Oeschinensee, Kandersteg" schauen Sie nach links auf die Abbrüche des Blüemlisalpgletschers und hinunter auf den kleinen Bergsee. Von der Alp "Oberbärgli" (✗ ⧖ 4 Std. 45 Min.) gehen Sie geradeaus weiter in Richtung "Oeschinensee, Kandersteg" und steigen

Der Oeschinensee

bald darauf über einen Felsabsatz steil hinunter zum Oeschinensee, der tür-
kisfarben heraufleuchtet.

*Der oberhalb von Kandersteg auf einer Höhe von 1.578 m liegende
Oeschinensee zählt zu den größeren Alpenseen der Schweiz. Er ist im Osten
und im Süden von den Dreitausendern Blüemlisalphorn, Oeschinenhorn,
Fründenhorn und Doldenhorn eingerahmt und wird von deren Gletscherbä-
chen gespeist. Sein Wasser wird zur Trinkwasserversorgung von Kandersteg
genutzt.*

Eine schöne Sicht auf den See haben Sie auch von der weiter unten gelegenen Alp "Oeschibärgli" (✕ ⇐ Übernachtungsmöglichkeit im Massenlager,
⌛ 5 Std. 5 Min.). Durch lichten Bergwald schlendern Sie nun den See entlang, aus dem sich fast senkrecht die kahlen Felswände emporrecken. Darüber, in 2.000 m Höhe über dem Wasserspiegel, erheben sich die majestäti-
schen Gipfel von Blüemlisalphorn und Oeschinenhorn. Diese einzigartige
Szenerie können Sie noch einmal am Berghaus "Am Oeschinensee" auf sich

einwirken lassen (✕ ⇌ ⧖ 5 Std. 40 Min.). Von hier geht es dann in Richtung "Kandersteg" teils auf der Straße, teils auf Wegen hinab (⧖ 6 Std. 40 Min.).

Kandersteg liegt im hinteren Ende des Tals der Kander. Wie sich leicht erraten lässt, rührt der Ortsname daher, dass hier ein alter Übergang, ein Steg, über die Kander geführt hat. Funde aus der Bronzezeit lassen vermuten, dass von hier schon sehr früh eine Verbindung zum Gemmi- und zum Lötschenpass bestand. Auch die Römer kannten diese Alpenüberquerung vom Walllis ins Berner Oberland. Die früheste Erwähnung findet Kandersteg 1374 als Übernachtungsgelegenheit an der über den Lötschenpass von Italien kommenden Gewürzhandelsroute. 1511 wurde mit dem Bau der Dorfkirche begonnen. Das bekannteste Haus ist das mit Schriften und Ornamenten reich verzierte "Ruedihaus", welches 1753 errichtet wurde. Bewegte Zeiten erlebte Kandersteg in den Jahren von 1906 bis 1913, als der Lötschbergtunnel als wichtige Nord-Süd-Verbindung gebaut wurde. Damit erhielt der Ort Anschluss an das Bahnnetz, was den Tourismus förderte. Viele der heutigen Hotels und Pensionen wurden in dieser Zeit erbaut. Heute verfügt Kandersteg über 19 Hotels mit rund 1.000 Betten und über 800 Ferienwohnungen mit rund 2.000 Betten.

Etappe 14: Kandersteg - Adelboden

⧖ 6 Std., ⇧ 1.200 m

🚌   Adelboden ⇨ Bern, Interlaken
✕   Bunderalp
     Hotel Alpina, Flecklistr. 40, 3715 Adelboden, ☎ 0041/336737575,
        FAX 0041/336733060, 🖳 www.alpina-adelboden.ch,
        Bemerkung: modernes Hotel
♦   Adelboden Tourismus, ☎ 0041/33/6738080, 🖳 www.adelboden.ch
📖   Kümmerly + Frey Karte 17 1:60.000 Simmental, Saanenland

Folgen Sie dem am Bahnhof aufgestellten Wegweisern in Richtung "Ueschinen, Bunderchrinde, Adelboden", d.h. Sie folgen zunächst mit der

Markierung <u>gelbe Raute</u> der Bahnlinie nach links. Dann unterqueren Sie diese nach rechts und verlassen die letzten Häuser von Kandersteg. Den Weg zur Seilbahn lassen Sie nach rechts abzweigen und gehen geradeaus am Ufer der Kander weiter; der Wegweiser nach "Adelboden" folgt später. Nach dem Pfadfinderzentrum zweigen Sie auf einen Pfad ab, der Sie allmählich von der Kander wegführt und nach oben bringt.

Nach steilem Aufstieg über Wiesen und durch Wald mit der Markierung <u>weiß-rot-weißes Rechteck</u> bzw. <u>weiß-rot-weiße Raute</u>, teilweise entlang dem wild schäumenden Alpbach, gelangen Sie ins hoch gelegene Ueschinental. Dieses weite Alpental breitet sich zwischen der Lohnerkette und dem Ueschinengrat großräumig aus. Hochweiden und Almen säumen den Pfad, mit dem Sie das Tal durchqueren. Weiter oben halten Sie sich rechts, um in steilem Zickzack auf einen großartigen Panoramaweg mit Aussichten auf Blüemlisalp und Oeschinensee zu gelangen. Von einer Hütte mit dem Namen "Alpschele" schwingt sich der Pfad in einer riesigen Linkskehre durch ein Geröllfeld hinauf zur Bunderchrinde (⧖ 3 Std. 35 Min.). Die Aussicht vom Pass ist

Kandersteg, im Hintergrund der Bire (ji)

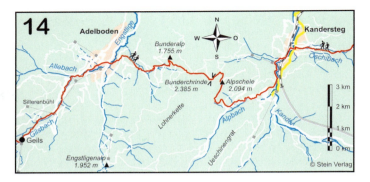

umfassend. Im Osten geht die Sicht bis zur Hauptkette der Berner Alpen. Weiter rechts schauen Sie auf Doldenhorn und Balmhorn. Im Westen breitet sich im Tal Adelboden aus.

Dorthin steigen Sie nun ab, zunächst durch ein riesiges Schuttkar, dann über blumenreiche Weiden. Von der Bunderalp (✗ ⛺ ⏳ 4 Std. 40 Min.) steigen Sie nach links in Richtung "Adelboden, Oey" teils auf Pfaden, teils auf der Straße ab. Unterhalb von Bunderweiden bringt Sie ein Asphaltsträßchen weiter hinunter und dann hinauf nach Adelboden (⏳ 6 Std.).

Das im hinteren Teil des Engstligentals gelegene Adelboden war ursprünglich eine Sommerweide. Darauf weist auch der Name hin: Adel bedeutet so viel wie Gras. Im Jahre 1433 erhielt der Ort seine Dorfkirche, in welcher ein Fresko zu besichtigen ist, das das Jüngste Gericht darstellt. Im 16. Jahrhundert schloss sich Adelboden der Reformation an, worauf der katholische Pfarrer über den Hahnenmoospass ins katholische Freiburgerland floh. Über diesen Pass verläuft auch die weitere Wanderung.

Was die folgende Historie angeht, wurde Ende des 19. Jahrhunderts die erste Fremdenpension gebaut. Sie ist heute als Hotel Hari noch im Besitz der gleichen Familie. Im Verlauf der Zeit nahm der Tourismus weiterhin zu, sodass heute in Adelboden 24 Hotels und 800 Ferienwohnungen anzutreffen sind.

Etappe 15: Adelboden - Lenk   ⏳ 4 Std., ⇧ 650 m

🚌   Lenk ⇨ Bern, Interlaken

✕   Geils, Hahnenmoospass, Büelberg

🛏   Lenk-Simmental Tourismus AG, ☎ 0041/33/7363535, 🖥 www.lenk.ch

📖   Kümmerly + Frey Karte 17 1:60.000 Simmental, Saanenland

Wenn Sie Adelboden in südwestliche Richtung verlassen, treffen Sie auf die "Adelbodener Mineral- und Heilquellen AG", wo von mehreren Wegweisern einer in Richtung "Gilbach, Hahnenmoos, Lenk" zeigt. Sie zweigen in diese Richtung nach rechts in die Oeystraße ab, überqueren den Allebach und folgen ihm bergauf in Richtung "Hahnenmoospass, Lenk". Bemerkenswert sind die links des Weges herabfließenden Quellen. Später biegen Sie nach links ab und steigen den Gilsbach hinauf. Die Markierung ist eine gelbe Raute. Kurzzeitig geht es auf Asphalt erst nach links und danach wieder nach rechts weiter, wobei Sie in der folgenden Linkskurve geradeaus weiter den Waldweg beschreiten. Vorbei an der Seilbahnstation "Sillerenbühl" geht es über Straße und Pfad durch Wald und zuletzt über Wiesen nach Geils (✕ ⏳ 1 Std. 35 Min.). Von den beiden Möglichkeiten, den Hahnenmoospass zu erreichen, nehmen Sie die rechte Variante. Über Bergmatten mit umfangreichen Aussichten auf den Wildstrubel und die umliegenden Berge sind Sie bald am Pass (✕ 🛏 ⏳ 2 Std. 20 Min.). Von hier haben Sie erwartungsgemäß eine noch bessere Fernsicht, beispielsweise bis zum Wildhorn.

Mit der Markierung weiß-rot-weißes Rechteck steigen Sie auf einem breiten Fahrweg in Richtung "Lenk" mit schönen Aussichten ins Simmental ab. Ab dem Büelberg (✕ ⏳ 2 Std. 50 Min.) geht es über einen Bergpfad und zum Schluss über Asphalt ins Zentrum von Lenk (⏳ 4 Std.).

Hoch oben an der Simme und am Fuß des Wildstrubels liegt Lenk in einem windgeschützten Talboden. Das Dorf liegt unterhalb des Rawilpasses, über den schon in alten Zeiten die Säumer kamen, um aus dem Rhonetal Wein und andere Güter zu bringen. Lenk war die erste Raststätte auf Berner Boden. Aber es gab damals auch Streit zwischen dem Wallis und Bern. Der Sage nach hatten die Frauen von Lenk eingedrungene Walliser erfolgreich zurückgeschlagen, wofür ihnen für alle Zeiten das Recht zugestanden wurde, die Kirche vor den Männern verlassen zu dürfen. Viel später erhielt Lenk ein Kurhaus, nachdem hier schwefelhaltige Quellen gefunden worden waren.

Etappe 16: Lenk - Gsteig   ⏳ 6 Std. 40 Min., ⇧ 1.400 m

🚐 Gsteig ⇨ Bern, Interlaken

✕ Lauenen

🛏 Hotel Viktoria, 3785 Gsteig, ☎ 0041/337551034, FAX 0041/337551015
   Bemerkung: altes, originelles Hotel, DZF ca. CHF 200

◆ Gsteig Gemeindeverwaltung, ☎ 0041/33/7363535, 🖥 www.lenk.ch

📖 Kümmerly + Frey Karte 17 1:60.000 Simmental, Saanenland

Vom Bahnhof schickt Sie ein Wegweiser in Richtung "Lauenen, Trüttlisbergpass" zur Hauptstraße und anschließend über die Simme. Danach biegen Sie nach rechts in die Aegertenstraße ein, steigen etwas auf und zweigen vor dem Wallbach nach links hoch in die Rütistraße ab. Die Markierung ist ein weiß-rot-weißes Rechteck. Nach der ersten Überquerung des Bachs durchsteigen Sie die eindrucksvolle Wallbachschlucht.

Hier stürzt der Wallbach über die Front einer Kalksteinplatte mehrere Meter in die Tiefe. Zusammen mit Kies und Geröll hat das Wasser in den Stein zylindrische Vertiefungen geschliffen. Diese und das Gefüge der Schichten des Kalksteins bilden ein bemerkenswertes Gesteinsmuster.

Ein nachfolgender steiler Aufstieg und ein anschließendes bequemeres Weiterwandern auf hohem Niveau bringt Sie zur nächsten Bachüberquerung, womit Sie bald auf den Alpweiden von Under Lochberg angekommen sind.

Zu den Weiden von Ober Lochberg gelangen Sie über aussichtsreiche, oft
sumpfige Bergmatten. Vom Trüttlisbergpass (⌛ 2 Std. 50 Min.) genießen Sie
noch einmal die Aussicht auf die Wildstrubel- und die Wildhorngruppe.

Der Wildhorn (ji)

   Über Pfade, Fahrwege und Sträßchen geht es in Richtung "Lauenen" über
Wiesen und durch Wald bergab. Unterwegs schauen Sie hinüber zum Chrinepass, den Sie im Verlauf der weiteren Tour überschreiten werden. Zuletzt
entlang des Mühlibachs sind Sie bald in Lauenen (✗ ⇦ ⌛ 4 Std. 30 Min.).

*Lauenen liegt im hinteren Lauenental. Den Talabschluss bilden die eisge-
panzerten Massive von Wildhorn und Arpelistock. Lauenen - französisch:
Lauvine, romanisch: Lavina - ist als Ort bekannt, dem Bergstürze und Lawi-
nen nicht erspart geblieben sind. Die im 16. Jahrhundert auf einem Moränen-
hügel erbaute Kirche wird wegen ihrer guten Akustik von Solisten und
Orchestern besonders geschätzt. Sehenswert ist das am Dorfplatz im
18. Jahrhundert erbaute Mühlehaus. Mit seinen Malereien und Schnitzereien
gilt es als eines der besten Beispiele Saanenländer Baukunst.*

*   Was die Geschichte von Lauenen angeht, so ist sie eng mit derjenigen des
ganzen Saanenlandes verknüpft. Nach den Kelten wanderten im 5. Jahrhundert die Burgunder und im 8. Jahrhundert die Alemannen ein. Letztere
brachten die deutsche Sprache ins Saanenland. Nachdem die Bewohner der
"Landschaft Saanen" im Mittelalter der Grafschaft Greyerz angehört hatten,
kamen sie nach deren Aufteilung schließlich zum Kanton Bern.*

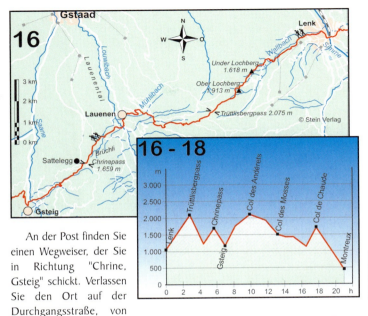

An der Post finden Sie einen Wegweiser, der Sie in Richtung "Chrine, Gsteig" schickt. Verlassen Sie den Ort auf der Durchgangsstraße, von der Sie bald nach rechts in Richtung "Chrinepass, Gsteig" auf einen Pfad abzweigen. Dieser bringt Sie über den Louwibach und dann hangaufwärts zu den Weiden und Wiesen des Brüchlis. Zurück schauen Sie noch einmal auf den Trüttlisbergpass. Dann steigen Sie durch Wald zum Chrinepass auf (⌛ 5 Std. 45 Min.). Mit dem Blick auf das Oldenhorn geht es nun hinunter nach Gsteig. Von zwei Wegvarianten nehmen Sie die linke Variante, also nicht die, welche u.a. in Richtung "Sattelegg" nach rechts abgeht. Beim weiteren Abstieg über Fahrweg und Pfad schauen Sie auf das eigenartig verformte Bergmassiv um das Sanetschhorn. Fast am Schluss der Etappe geht es noch einmal am Bach entlang, dann sind Sie in Gsteig (⌛ 6 Std. 40 Min.).

Das Bergdorf Gsteig liegt am Fuß des Spitzhorns auf dem Weg zum Col du Pillon. Sein Name geht auf das althochdeutsche steiga zurück, was so viel wie Anstieg bedeutet, womit der Anstieg zum nahe gelegenen Pass gemeint ist. Der französische Name ist Chatelet, was auf einen ehemaligen Wachturm zurückgeführt wird, dessen Überreste noch besichtigt werden können. Wegen seiner Schnitzereien sehr sehenswert ist das Hotel Bären am Dorfplatz.

Etappe 17: Gsteig - Col des Mosses

⏳ 6 Std. 50 Min., ⇧ 1.300 m

🚌   Col des Mosses ⇨ Montreux

✗   Isenau

🛏   Office du tourisme Les Mosses - La Lécherette, ☎ 0041/24/4911466,
       🖥 www.lesmosses.ch

📖   Kümmerly + Frey Karte 16 1:60.000 Gruyère

Am Ortsausgang in Richtung Gstaad, in der Nähe des Hotels Victoria schickt Sie ein Wegweiser bergauf in Richtung "Vordere Walig, Arnensee, Seeberg, Col du Pillon". Ein asphaltiertes Sträßchen bringt Sie mit der Markierung gelbe Raute nach oben. Nach einer Linkskurve zweigen Sie nach rechts auf einen Fahrweg ab, weiterhin in Richtung "Vordere Walig, Arnensee".

Mit der neuen Markierung weiß-rot-weißes Rechteck bringt Sie ein steiler Pfad nach links hoch durch lichten Wald und auf Weiden. Bei den ersten Alphütten steigen Sie nach links weiter in Richtung "Vordere Walig, Col du Pillon, Arnensee". Rückschauend haben Sie noch einmal Aussicht auf den Chrinepass und später auf den Trüttlisbergpass. Weiter oben vor dem Waldrand ist Vorsicht geboten: Die Markierung ist nicht gleich zu erkennen. Gehen Sie auf den Waldrand zu, wobei Sie bald eine zu übersteigende Leiter sehen, hinter der Sie auch die Markierung wiederfinden. Bald sind Sie wieder im Freien und steigen hoch zu den Alphütten von "Vordere Walig". Hier biegen Sie nach links in Richtung "Seeberg, Col du Pillon, Arnensee" auf einen Weg ab, welcher nun wesentlich angenehmer und aussichtsreicher ist. Die Sicht geht hinunter ins Saanetal und hinauf zum Oldenhorn. Nach der Alp Topfelsberg steigen Sie hinauf zum Blattipass: Kein Vergleich zu den Überquerungen der bisherigen Pässe, aber immerhin ein Pass. Auf der anderen Seite schickt Sie ein Wegweiser hinunter in Richtung "Ober Stuedeli, Seeberg, Arnensee".

Auch auf dieser Seite des Gebirgshangs durchwandern Sie idyllisches Weidegelände. Den Weg zum Arnensee lassen Sie anschließend rechts abgehen - später sehen Sie auf den See und ins Tschärzistal hinab - und passieren die Alphütten von Ober Stuedeli und Seeberg. Von hier steigen Sie durch Alprosenfelder zum nächsten Pass auf, zum Col de Voré, und verlassen damit den Kanton Bern und betreten den Kanton Vaud bzw. Waadt, in dem letztendlich die Alpenpassroute endet. Vom Pass (⧖ 2 Std. 55 Min.) schauen Sie noch einmal hinüber zum Oldenhorn und auf die Diablerets, bevor Sie - am Chalet Vieux vorbei - zum Col des Andérets aufsteigen.

Auf der anderen Passseite sehen Sie erstmals die Dents du Midi sowie die Walliser und Savoyer Alpen. Steigen Sie in Richtung "Chalet d'Isenau, Isenau" ab und nehmen Sie bei der nächsten Weggabelung die linke Variante in Richtung "Isenau". Bleiben Sie nun auf dem Fahrweg und nehmen Sie keine Abkürzungen, sonst könnten Sie den folgenden Wegweiser, der Sie nach rechts in Richtung "Arpille, Col de Seron, La Para" schickt, verpassen (⧖ 3 Std. 35 Min.). Ansonsten können Sie einen Abstecher nach links unten, d.h. nach Isenau machen (✗, Zeit nicht in der Tourendauer eingerechnet). Der nach Arpille führende Pfad bringt Sie ein letztes Mal kurzzeitig in die 2.000-m-Region, von der Sie dann in Richtung "Meitreille" auf grasigem Hang absteigen.

Mit der neuen Markierung <u>gelbe Raute</u> gehen Sie weiter in Richtung "Col des Mosses, Marnex". Nun folgt eine großartige Höhenwanderung, teils auf der Straße, teils auf Pfaden, vorbei an den Hütten und Häusern von Marnex, La Dix, La Première und Chersaule. Vorbei an blumenreichen Hochweiden schauen Sie hinunter in das weite Tal von Les Diablerets und hinüber zu den gezackten Gipfeln von Grand Muveran und Dent de Morcle. Nach Chersaule steigt der Weg durch Bergwald kurzzeitig an und wendet sich nach rechts zum Tal der Raverette hin. Nach dem Austritt aus dem Wald taucht auf der gegenüberliegenden Talseite das Massiv des Mont d'Or auf. Später sehen Sie rechts unten die Häuser vom Col des Mosses, wohin Sie zunächst durch Bergwald und nachher über Wiesen und Weiden absteigen (⌛ 6 Std. 50 Min.).

Der 1.445 m hohe Col des Mosses liegt im Kanton Waadt und bildet die Wasserscheide zwischen der Rhone und dem Rhein. Die Passhöhe trennt den Mont d'Or im Westen vom Pic Chaussy im Osten. Die Passstraße verbindet das Berner Oberland mit dem Unterwallis. Sie wurde 1868 erbaut, ab 1869 verkehrte eine Pferdepostkutsche über den Pass. Auf der stellenweise sumpfigen Höhe des Passes hat sich im Verlauf der Zeit der hübsche Ferienort Les Mosses entwickelt. Er wird im Sommer wie im Winter frequentiert.

Etappe 18: Col des Mosses - Montreux

⌛ 7 Std. 30 Min., ⇧ 600 m

 Montreux ⇨ Bern, Interlaken
✕ La Lécherette, Alpage "Col de Chaude", Sonchaux
⇾ Office du tourisme Les Mosses - La Lécherette, ☎ 0041/24/4911466,
  🖳 www.lesmosses.ch
📖 Kümmerly + Frey Karte 16 1:60.000 Gruyère

Folgen Sie der Passstraße in nördlicher Richtung, d.h. in Richtung "La Lécherette, Chateau d'Oex", vorbei an der "Télecabine Pic Chaussy", und zweigen Sie dann nach links auf ein kleines Sträßchen in Richtung "La Lécherette" ab. Sie queren das sumpfige Gelände namens "Les Mosses" und biegen

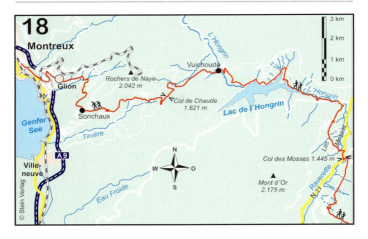

dann nach rechts ab in Richtung "La Lécherette". Die Markierung ist zunächst eine gelbe Raute, später sind in der Wiese schwarz-gelb-schwarze Pflöcke eingehauen. Diesmal ist das Alpenpanorama auf der rechten Seite. Nach einer knappen Stunde treffen Sie auf ein Sträßchen, welches rechts nach La Lécherette führt, wo Sie noch einmal Rast machen können (✗ ⇌). Ansonsten folgen Sie dem Sträßchen nach links in Richtung "Barrage de l'Hongrin" und zweigen später nach rechts auf ein noch kleineres Sträßchen ab, welches Sie zu dem Stausee "Lac de l'Hongrin" bringt. Vor Ihnen tauchen am Horizont die Rochers de Naye auf. Nach der Überquerung des Hongrin und nach der halben Umrundung des Sees lassen Sie den Staudamm links liegen und steigen nach rechts ab, u.a. durch einen Tunnel.

Das Besondere der im Jahr 1969 errichteten Staumauer ist, dass sie sich aus zwei halbkreisförmigen Konstruktionen zusammensetzt. Dabei hat sie eine Höhe von 125 m. Während das Wasser tagsüber einem Kraftwerk zugeleitet wird, pumpt Letzteres in der Nacht mit billigem Nachtstrom Wasser aus dem Genfer See über die gleiche Leitung zurück in den Lac de l'Hongrin.

In Richtung "Vuichoude d'en Bas" folgen Sie dem Sträßchen nach unten in eine Links- und dann in eine Rechtskurve, um von hier nach links auf einem

Pfad in Richtung "Col de Chaude" steil aufzusteigen. Die Markierung ist jetzt ein weiß-rot-weißes Rechteck. Nach der Alm Vuichoude d'en Haut wird der Aufstieg bequemer und nach der Durchquerung eines Bergwalds erreichen Sie die Alpage "Col de Chaude" (3 Std. 45 Min.). Ein Fahrsträßchen bringt Sie nun in Richtung "Montreux" hoch zum Col de Chaude, dem letzten Pass der Alpenpassroute (⌛ 4 Std. 10 Min.). Von hier geht die Aussicht hinunter auf den Genfer See und hinüber zu den dahinterliegenden Savoyer Alpen. Dasselbe Fahrsträßchen bringt Sie nun nach unten in Richtung "Sonchaux, Montreux", wobei Sie nach der ersten Straßenkehre nach links auf einem Pfad im Zickzack absteigen, wieder auf die Straße treffen und dieser weiterhin in Richtung "Sonchaux, Montreux" folgen. Versäumen Sie es nicht, weiter unten nach rechts in Richtung "Sonchaux" abzuzweigen, um später in dem schön gelegenen Gasthaus von Sonchaux Rast zu machen (✗ ⌛ 5 Std. 45 Min.).

In diesem auf einer Höhe von 1.300 m gelegenen Bergrestaurant können Sie typische Gerichte der Region genießen. Dabei schweift der Blick hinunter auf den Genfer See. Das Gasthaus ist von Mai bis Oktober geöffnet, dienstags geschlossen.

Mit der neuen Markierung gelbe Raute bringt Sie unterhalb des Gasthauses ein schmales Fahrsträßchen weiter in Richtung "Glion, Montreux". Später zweigen Sie nach links auf einen Steig ab, welcher Sie im Zickzack auf einen breiten Waldweg bringt, dem Sie nach rechts bis Glion folgen (⌛ 6 Std. 45 Min.). Vom Gare de Glion geht es dann zeitweise über Treppen hinunter zur Durchgangsstraße, der Sie nach links hinunter folgen. Wenn die Schienen der Schmalspurbahn in Sicht kommen, biegen Sie nach rechts hinunter ab, unterqueren die Schmalspurbahn und steigen zu einer Straße ab, welche Sie nach rechts über die Altstadt ins Zentrum von Montreux bringt (⌛ 7 Std. 30 Min.).

Montreux ist einer der meistbesuchten Orte der Waadtländer Riviera, wie dieser östliche Uferstreifen des Genfer Sees genannt wird. Nicht zu Unrecht trägt die Region diesen Namen, denn die Vegetation ist hier so reich und vielfältig, wie man sie sonst nur jenseits der Alpen antrifft. Die Quais überbieten sich an Blumenschmuck und am Seeufer findet man neben Oleander und

Magnolien auch Zypressen und Palmen. Montreux selbst erstreckt sich auf dem leicht in den See hinausragenden Schwemmkegel des Wildbachs Baye de Montreux sowie auf den angrenzenden Berghängen. Das Klima ist mild; im Winter sinkt die Temperatur selten unter 0°C.

Was die Geschichte angeht, so reichen die frühesten Siedlungsspuren bis in die Bronzezeit zurück. Aus der Römerzeit stammen die Fundamente einer Villa, aus der Burgunderzeit rührt ein Gräberfeld her. Im Mittelalter gehörte Montreux zunächst der Abtei Saint Maurice im Wallis, dann ging es an den Bischof von Sion. Der Name der Stadt leitet sich vom lateinischen Wort monasterium (Kloster) ab. Im 18. Jahrhundert erlangte Montreux einen gewissen Bekanntheitsgrad durch den Aufenthalt von Jean-Jacques Rousseau und Lord Byron. Im darauffolgenden Jahrhundert begann der eigentliche wirtschaftliche Aufschwung der Stadt. Dank verbesserter Verkehrsanbindung und dem Bau zahlreicher Hotels, Pensionen und Sanatorien entwickelte sich der Ort zu einem extravaganten Touristenziel. Entlang des Seeufers wurden bedeutende Hotels gebaut, etwa das Hotel des Alpes oder das Grand Hotel. Auch der Aufenthalt illustrer Künstler wie Tschaikowski, Tolstoi oder Nabokov machte Montreux bekannt. Später hielten sich hier auch Künstler der Popmusik auf, wie z.B. Freddie Mercury, der seine letzten Lebensjahre in Montreux verbrachte. Bekannt ist die Stadt auch für das seit 1967 alljährlich im Juli abgehaltene Montreux Jazz Festival. Darüber hinaus bietet Montreux ein großes Angebot an sonstigen kulturellen Veranstaltungen an.

Wer also nach der langen Wanderung hier noch ein paar Tage verbringen will, macht damit sicher keinen Fehler. Der Aufenthalt muss auch nicht im Grand Hotel stattfinden, es gibt auch preiswerte Pensionen und Hotels in Montreux. Ansonsten sollte man die Wanderung zumindest in einem der Restaurants in der Altstadt oder am Seeufer ausklingen lassen. Die Mühen der Tour von Sargans bis hierher rechtfertigen es sicher, es sich ein letztes Mal gut gehen zu lassen. Und nach ein paar Gläsern Fendant ziehen noch einmal die Alpenpässe vorbei, diesmal nicht so steil und nicht so mühsam. Die Erinnerung ist schon dabei, alles zu vergolden.

Index

Steinmännchen Kunstwerk (ji)